一本书知晓中国历史丛书

一书通古今，开卷知天下。

本书看点：全书体例新颖，选材精当，表述生动，使你在轻松阅读中，尽览历史风云，汲取历史智慧。

本书知晓宋朝

本书编写组 ◎ 编

世界图书出版公司
广州·上海·西安·北京

图书在版编目（CIP）数据

一本书知晓宋朝/《一本书知晓宋朝》编写组编．—广州：广东世界图书出版公司，2010.8（2021.5重印）
ISBN 978－7－5100－2517－4

Ⅰ.①—… Ⅱ.①—… Ⅲ.①中国－古代史－宋代－通俗读物 Ⅳ.①K244.09

中国版本图书馆CIP数据核字（2010）第151509号

书　　名	一本书知晓宋朝
	YIBENSHU ZHIXIAO SONGCHAO
编　　者	《一本书知晓宋朝》编写组
责任编辑	柯绵丽　张梦婕
装帧设计	三棵树设计工作组
责任技编	刘上锦　余坤泽
出版发行	世界图书出版有限公司　世界图书出版广东有限公司
地　　址	广州市海珠区新港西路大江冲25号
邮　　编	510300
电　　话	020-84451969　84453623
网　　址	http://www.gdst.com.cn
邮　　箱	wpc_gdst@163.com
经　　销	新华书店
印　　刷	三河市人民印务有限公司
开　　本	787mm×1092mm　1/16
印　　张	13
字　　数	160千字
版　　次	2010年8月第1版　2021年5月第8次印刷
国际书号	ISBN 978-7-5100-2517-4
定　　价	38.80元

版权所有　翻印必究

（如有印装错误，请与出版社联系）

前　言

宋朝是中国历史上一个承上启下的朝代，它上承五代十国、下启元朝，根据其都城及疆域的变迁，史学家将其分为北宋与南宋，并称两宋。

后周世宗死后，恭帝继位，命赵匡胤为归德节度使，归德军驻扎在宋州（今河南商丘）。次年，赵匡胤在陈桥驿发动兵变，赵匡胤被部下黄袍加身，三呼万岁，拥戴为天子。由于此事发生于宋州，故国号为"宋"，定都汴梁（今开封），赵匡胤即宋太祖。

宋朝开国之初，为了避免唐末以来藩镇割据和宦官乱政的现象，同时为了避免"陈桥兵变"的历史重演，宋政府采取重文轻武的施政方针，从而造成了军事上的积弱。

北宋靖康年间，金兵攻陷汴京，将徽、钦二帝掳走，北宋灭亡。徽宗第九子赵构在临安（今杭州）重建宋王朝，史称"南宋"。公元1276年，忽必烈破宋都临安。公元1279年3月19日，南宋丞相陆秀夫背着年仅8岁的小皇帝赵昺跳海而死。南宋最后一位皇帝的死去，使赵宋王朝至此彻底覆灭。

与中国其他王朝的国祚相比，宋朝的国祚算是比较长的。宋朝历经宋太祖赵匡胤、宋太宗赵匡义（又名赵光义）、宋真宗赵恒、宋仁宗赵祯、宋英宗赵曙、宋神宗赵顼、宋哲宗赵煦、宋徽宗赵佶、宋钦宗赵桓、宋高宗赵构、宋孝宗赵昚、宋光宗赵惇、宋宁宗赵扩、宋理宗赵昀、宋度

一本书知晓宋朝

宗赵禥、宋恭帝赵㬎、宋端宗赵昰、宋末帝赵昺18帝，共计320年。

宋朝政治比较开明廉洁，终宋一代都没有出现严重的宦官乱政和地方割据现象，兵变、民乱次数与规模在中国历史上也相对较少，因此宋朝是中国历史上经济、科技及文化教育最繁荣的时代之一。宋朝儒学复兴，社会上弥漫尊师重教的风气，科技发展也是突飞猛进。宋朝科技文化的发展与繁荣是规模空前的。

两宋时期，科学技术取得了长足的进步。两宋的科技成就，不仅成为我国古代科学技术史上的一个高峰，而且在当时的世界范围内也居于领先地位。对整个人类文明发展产生重大而深远影响的我国古代四大发明的三项——活字印刷、火药、指南针，都是在两宋时期完成或开始应用的。宋代的科技成就中最值得一提的是北宋科学家沈括及其巨著《梦溪笔谈》，英国的李约瑟博士将沈括誉为"中国整部科学史中最卓越的人物"，而他的《梦溪笔谈》则是"中国科学史上的坐标"。

宋朝文化空前进步，理学、文学、史学、艺术等领域都是硕果累累。宋文化有多方面独到建树：宋词与唐诗并称，在文学史中享有盛誉；出现了苏氏三父子、欧阳修、司马光、李清照、辛弃疾、文天祥等优秀人物；司马光所著《资治通鉴》是一部贯穿1362年史实的编年体通史；出现了具有完整思想体系的程颢、程颐、朱熹等著名思想家……

本书共分为五章，分别讲述宋朝著名皇帝、著名皇后、文臣武将、著名历史事件以及宋朝的科技文化成就。书中内容言简意赅、通俗易懂，集知识性与故事性于一体，让您在轻松愉悦的阅读中，全面了解和把握大宋王朝的历史。不过，由于编者的知识水平有限，书中难免会有一些不妥和错误，敬请广大读者朋友批评指正。

目　录

著名皇帝篇

宋太祖赵匡胤是怎样一个皇帝？ ………………………………… 3
宋太宗赵匡义有哪些重大作为？ ………………………………… 6
为什么说宋真宗赵恒是一个比较有作为的皇帝？ ……………… 7
为什么说宋仁宗赵祯无愧于"仁宗"的称号？ ………………… 9
宋英宗赵曙为什么能继承皇位？ ………………………………… 12
宋神宗赵顼有哪些重大作为？ …………………………………… 13
为什么说宋哲宗赵煦是个比较有作为的皇帝？ ………………… 15
为什么说宋徽宗赵佶是个荒淫无度的皇帝？ …………………… 16
为什么说宋钦宗赵桓是一个倒霉的皇帝？ ……………………… 17
宋高宗赵构是个怎样的皇帝？ …………………………………… 20
为什么说宋孝宗赵昚是南宋最杰出的皇帝？ …………………… 22
宋光宗赵惇为什么会从东宫"孝子"变成一个不孝之君？ …… 23
宋宁宗赵扩是怎样一个皇帝？ …………………………………… 27
为什么说宋理宗赵昀是一个比较昏庸的皇帝？ ………………… 29
为什么说宋度宗赵禥比宋理宗还昏庸荒淫？ …………………… 31
宋恭帝赵显一生充满怎样的离奇遭遇？ ………………………… 32
宋端宗赵昰拥有怎样的悲惨命运？ ……………………………… 34
南宋末帝赵昺是怎么死的？ ……………………………………… 35

1

著名皇后篇

宋太祖皇后宋氏的命运如何？……………………………………39
宋太宗皇后李氏是怎样一位皇后？………………………………41
宋真宗章献皇后刘娥是怎样一个女人？…………………………43
宋仁宗皇后曹氏有哪些作为？……………………………………49
宋英宗与皇后高氏的爱情为何被传为佳话？……………………50
宋哲宗皇后孟氏因何两度被废又两度复位？……………………52
宋徽宗皇后郑氏有哪些遭遇？……………………………………55
为什么说宋钦宗皇后朱氏是一位命运悲惨的皇后？……………56
为什么说宋高宗皇后吴氏是中国历史上唯一一位修成金婚
　的皇后？…………………………………………………………58
宋光宗皇后李氏为什么被称为"南宋妒后"？……………………60
宋宁宗皇后杨氏是如何凭借智慧登上皇后宝座的？……………65

文臣武将篇

赵普是如何登上宰相之位的？……………………………………71
杨业为大宋朝立下了哪些战功？…………………………………74
历史上的佘太君是怎样一个人？…………………………………78
为什么说潘美是大宋的开国功臣？………………………………81
曹彬为什么被称为"大宋第一良将"？……………………………86
杨延昭为什么被人称为杨六郎？…………………………………89
寇准一生经历了怎样的坎坷？……………………………………95
包拯为什么被称为"包青天"？……………………………………96
狄青为大宋朝立下了哪些卓越战功？……………………………100

一本书知晓宋朝

李纲是一位怎样的民族英雄？……………………………… 104
宗泽是如何赢得东京保卫战的胜利的 …………………… 107
韩世忠为大宋朝立下了哪些战功？………………………… 112
岳飞有哪些重大功绩？……………………………………… 116
岳云为保卫大宋朝立下了哪些汗马功劳？………………… 120
张俊主要有哪些功过？……………………………………… 122
文天祥有哪些动人的爱国事迹？…………………………… 124

著名事件篇

陈桥兵变是怎么一回事？…………………………………… 131
"杯酒释兵权"是怎么一回事？……………………………… 134
"斧声烛影"和"金匮之盟"是怎么一回事？………………… 137
"寇准罢宴"是怎么一回事？………………………………… 141
王小波、李顺起义经历了怎样的历程？…………………… 143
"澶渊之盟"是怎样一个盟约？……………………………… 145
"狸猫换太子"的历史真相是怎样的？……………………… 147
王安石变法主要包括哪些内容？…………………………… 150
"花石纲"事件是怎么一回事？……………………………… 156
靖康之耻是怎么一回事？…………………………………… 158
黄天荡之战是怎样一次战役？……………………………… 160
历史上真有"岳母刺字"这回事吗？………………………… 162
岳飞抗金取得了怎样的成绩？……………………………… 165
为什么说"十二道金牌"要了岳飞的命？…………………… 167
宋江起义经历了怎样的历程？……………………………… 169

一本书知晓宋朝

方腊起义经历了怎样的历程？……………… 172
钟相、杨么起义经历了怎样的历程？………… 174

科技文化篇

沈括主要有哪些科技成就？…………………… 179
毕升在印刷科技史上做出了怎样的贡献？…… 180
李诫的《营造法式》在中外建筑学史上具有怎样的地位？… 181
欧阳修主要有哪些文学成就？………………… 183
"三苏"各有哪些文学成就？…………………… 184
"苏门六君子"各有哪些文学成就？…………… 187
"中兴四大诗人"是指哪四位？………………… 189
陆游主要有哪些文学成就？…………………… 190
为什么说辛弃疾是一位伟大的爱国词人？…… 191
李清照主要有哪些文学成就？………………… 192
文天祥主要有哪些文学成就？………………… 194
什么是程朱理学？……………………………… 194
司马光主编的《资治通鉴》是怎样一部史书？… 197
北宋四大书法家各有哪些书法成就？………… 198
秦桧为中国的书法艺术做出了什么贡献？…… 199

著名皇帝篇

菩提星帝篇

宋太祖赵匡胤是怎样一个皇帝？

宋太祖，名赵匡胤，曾任后周殿前检点，在"陈桥兵变"中被拥立为帝，成为宋朝的开国皇帝。宋太祖在位17年，病死（也有后人怀疑他是被他的弟弟赵匡义害死的），终年50岁，葬于永昌陵（今河南省巩县西南堤东保）。

赵匡胤，涿州（今河北省涿县）人。其父亲赵弘殷时迁居洛阳。公元927年3月21日，赵匡胤出生于洛阳夹马营的一个军人家庭。相传，伴随着婴儿的出生，"赤光绕室，异香经宿不散，体有金色，三月不变"。

赵匡胤出生时，威赫数百年的大唐帝国已经在世界上消失了整整20年了。和平宁静的中华国度被打破，接踵而来的便是长久不息的动乱。赵匡胤受家庭的熏陶，自幼爱好骑射和练武，并摔打出一身的好武艺。赵匡胤可谓武功第一的皇帝，他自创太祖长拳，整套拳路演练起来，充分表现出北方的豪迈气概，是中国武术界六大名拳之一。他还发明了"大小盘龙棍"，就是后来的双节棍。同时他还是一个勤奋好学的皇帝。在他幼年时，父亲曾一度要他弃武学文，替他请了一位很有学问的先生，给他打下扎实的文化基础，因此他不仅懂得治国平天下的道理，而且养成了爱读书的习惯，据说他的好学已经达到了"手不释卷"的程度。

21岁时，颇有冒险精神的赵匡胤告别父母妻子，开始浪迹天涯，寻找一份属于自己的事业。他漫游了华北、中原，西北的不少地方，都未能如愿，一直到公元949年，他终于遇到了机

会。在北上的途中，他遇到了当时正担任后汉枢密使的郭威。郭威此时正领兵在河中（今山西永济）平叛，于是身强力壮、精通武艺的赵匡胤便投到了郭威的麾下。

郭威即位（后周太祖）时，赵匡胤任禁卫军长，甚得当时已是开封府尹柴荣（即后来的周世宗）的赏识，从而成为柴荣的部属。周世宗即位后，赵匡胤跟随世宗东征西讨、南征北战，战功卓著，因此深得世宗的信任和器重，成为屈指可数的禁军高级将领之一。后周显德六年（公元959年），周世宗北征燕云，势如破竹。正在这个时候，世宗不幸染上重病，被迫退军后，不久便病逝了，由世宗幼子柴宗训即位，是为周恭帝。临死前，世宗对最高军政人员进行了变更调动，赵匡胤升任殿前都点检（禁卫军首领）。

显德七年（公元960年）正月初四，掌握禁军的归德（今河南商丘南）节度使、殿前都点检赵匡胤乘恭帝年幼、政局不稳之机，发动"陈桥兵变"，夺取了后周政权，建立了赵宋王朝，史称北宋，改元建隆。赵匡胤即为宋太祖。

赵匡胤当上皇帝以后，并没有丢弃以前的平民作风，他的日常生活很朴素，衣服、饮食都很简单，虽然对自己的家人比较约束，但绝非吝啬之人，他曾在一些工程上花下大笔费用，对于投降的各国国君也给予优厚的待遇。他自己的私生活严谨简朴，但对于该花费的地方，却是非常慷慨，这是历代皇帝中非常少见的。

曾经流浪的痛苦经历，使得赵匡胤对老百姓的苦难有切身

的体会，因此他对民生问题极为关注。当天下初定的时候，赵匡胤马上就实行了宽减徭役的政策，以便农民休养生息、发展生产。公元961年，赵匡胤明令免除各道州府征用平民充当急递铺递夫的劳役，改用军卒担任。第二年，他又免除征民搬运戍军衣物的劳役。如果州县不遵令行事，百姓可以检举揭发。在五代之乱后，连年的战乱使田地荒芜严重，土地是立国之本，因此赵匡胤下令，凡是新垦土地一律不征税，凡是垦荒成绩突出的州县官吏都给予奖励，管辖区内田畴荒芜面积超过一定亩数的，要给予处罚。另外，赵匡胤还下令在黄河沿岸修堤筑坝，并大量种植树木，以做防洪之用。其后又多次就黄河的修治问题下达最高指示，例如在建隆三年（公元962年），赵匡胤下诏说："沿黄、汴河州县长吏，每岁首令地分兵种榆柳，以壮堤防。"每年的正月、二月、三月，是黄河堤坝的例修期，年年都会加固维修，这项工作不仅加固了堤坝，而且绿化了黄河周边环境，可谓一举两得，两全其美。

赵匡胤称帝以后，于公元963年平定荆南和湖南，公元965年灭后蜀，公元971年灭南汉，公元975年灭南唐，俘虏南唐后主李煜，除北汉之外，十国基本统一。

赵匡胤在位17年，死于公元976年，时年50岁，庙号太祖。关于赵匡胤的死因，有多种说法，有的说是因饮酒过度而暴死，有的说是因腹下肿疮发作而病死，最普遍的一种看法则认为他的死与他的弟弟赵匡义（即后来的宋太宗）有莫大的关系，历史上有"烛影斧声"的传说，是说其弟赵匡义杀害了宋

太祖，以篡夺帝位。

宋太宗赵匡义有哪些重大作为？

宋太宗，名赵炅（jiǒng），本名赵匡义，后因避其兄宋太祖名讳改名赵光义，即位后改名赵炅。其父为赵弘殷，追赠宣祖，母亲为杜太后。在其兄弟中，太宗排行居中，比太祖赵匡胤小12岁。太祖驾崩后，38岁的赵光义登基为帝，在位共21年（公元976~997年）。至道三年，赵匡义病逝，终年59岁，庙号太宗，葬于永熙陵。

赵匡义22岁时，参与了"陈桥兵变"，拥立其兄赵匡胤为帝。北宋建立之后，赵匡义又参与了太祖统一四方的大业。太宗即位以后，继续进行始于后周周世宗时期的统一事业，鼓励垦荒，发展农业生产，扩大科举取士规模，编纂大型类书，设考课院、审官院，加强对官员的考察与选拔，进一步限制节度使权力，力图改变武人当政的局面，确立文官政治。这些措施顺应了历史潮流，为宋朝的稳定做出了重要贡献。但是由于急功好利，太宗曾几次北伐攻辽，均告失败。太平兴国四年（公元979年），宋太宗移师幽州，试图一举收复燕云十六州，在高梁河（今北京西直门外）与辽军展开激战，宋军大败，宋太宗本人被辽军首将耶律休哥射伤，乘驴车逃走。宋太宗两度伐辽失败，最后导致了四川王小波、李顺农民起义，因此太宗转而执行守内虚外的政策。由于太宗皇帝执政后期大力提倡文治，所以使宋朝渐渐形成了"积贫积弱"的局面，给宋代社会的发展带来了非常不利的影响。

为什么说宋真宗赵恒是一个比较有作为的皇帝？

宋真宗，名赵恒，原名赵德昌，后又改名元休、元侃，为宋太宗第三子。太宗病死后，真宗继位，在位25年，病死，终年55岁，葬于永定陵（今河南省巩县东南蔡家庄）。

赵恒，先后受封为韩王、襄王、寿王。太宗晚年迷信相术，曾召一僧人入宫给子侄诸王看相。僧人看了几个子侄，只有赵恒还在睡觉，没有出来。僧人却奏告太宗说："我遍观诸王，命都不及寿王。"太宗问道："你还没有见过他，怎么知道他的命最好？"僧人回答说："我刚才见站在寿王门前的3个仆人，他们都具有日后成为将相的器度。仆人尚且如此，他们的主人自然更高贵了。"于是，太宗就立赵恒为太子。公元997年3月，太宗病逝，赵恒于同月继位，第二年改年号为"咸平"。赵恒即位之初，任用李沆等人为宰相，也能注意节俭，政治比较安定。

公元1004年秋，辽国萧太后亲自率领20万大军南下，直逼黄河岸边的澶州（今河南省濮阳县）城下，威胁宋朝都城。警报一夜五次传入东京，赵恒急忙召群臣前来商议。副宰相王钦若、陈尧叟主张出逃，任职刚一月的宰相寇准则厉声反对说："出这种主意的人应当斩首！"他说，如果放弃汴京南逃，势必动摇人心，敌人会乘虚而入，国家就难以保全了；如果皇上亲自出征，士气定必大振，就一定能打退敌兵。赵恒同意御驾亲征，由寇准随同指挥。到了韦城（今河南省滑县东南），赵恒听

说辽兵势大，转而打算退兵。寇准严肃地说："如今敌军逼近，情况危急，我们只能前进一尺，绝不能后退一寸。河北我军正日夜盼望陛下驾到，进军将使我河北诸军的士气增加百倍，后退则将使军心涣散、百姓失望，敌人乘机进攻，陛下恐怕连金陵也保不住了。"赵恒这才勉强同意继续进军，渡河进入澶州城。远近各路宋军见到皇上的黄龙大旗，都欢呼雀跃，高呼"万岁"，士气大振。寇准指挥宋军出击，宋军将士个个奋勇冲锋，消灭辽军数千人，射死了辽军主将萧达兰。萧太后见辽军陷入被动，请求议和。经过寇准的坚持和使者曹利用到辽营一再讨价还价，于12月正式议定由宋朝送给辽以岁币银10万两，绢20万匹，换得辽军撤退。这就是中国历史上著名的"澶渊之盟"。这是宋朝向番方纳岁币换取和平的开始。

赵恒后又听信王钦若的谗言，怨恨寇准让他冒险亲征，于是撤掉了寇准的相位，改任王钦若、丁谓等奸人为相，伪造"天书"，封禅泰山，祀汾阳，提倡佛、道、儒教，大搞迷信活动，广建宫观，劳民伤财，政治腐败，社会矛盾趋于尖锐。

公元1021年，赵恒患病。次年2月，病重，不久死于汴京宫中的延庆殿。赵恒死后的庙号为真宗。

真宗在位25年，他统治时期治理有方，北宋的统治日益坚固，国家管理日益完善，社会经济繁荣，国力比较强盛，因此可以说，宋真宗是一个比较有作为的皇帝。

为什么说宋仁宗赵祯无愧于"仁宗"的称号？

宋仁宗，中国北宋第四代皇帝，初名受益，宋真宗的第六

子。生于大中祥符三年（公元1010年），公元1018年被立为皇太子，赐名赵祯。公元1022年即帝位，时年13岁。公元1063年驾崩于汴梁皇宫，享年53岁，葬于永昭陵。

仁宗赵祯，大中祥符八年（公元1015年）被封为寿春郡王，天禧二年（公元1018年）封升王，立为太子。乾兴元年（公元1022年）即位，由刘太后垂帘听政。明道二年（公元1033年），太后死，宋仁宗开始亲政。仁宗在位42年，是两宋时期在位时间最长的皇帝。

仁宗早年生活在养母刘太后的阴影下，作为一个守成之君，遵守祖宗法度，性情文弱温厚，武功谋略远远不及太祖、太宗，在与西夏的长期对峙中表现平平，宋王朝屡战屡败，军事上处于弱势。然而，仁宗知人善任，很想解决当时社会存在的诸多弊端，提拔重用了一大批对当时和后世都产生重大影响的人物，因此他在位时期名臣辈出。

"仁政"一直是中国传统政治的最高理想，但在北宋仁宗皇帝赵祯之前，中国没有一个帝王敢以"仁"自称或被冠之以"仁"。

赵祯死后，庙号为"仁宗"，之后的元、明、清，都有步宋仁宗后尘的皇帝，他们都成了"仁宗"，但除了明仁宗之外，另外两个都没能追赶上宋仁宗所实施的"仁政"。

有人说："仁宗虽百事不会，却会做官家（皇帝）。"身为皇帝，会做皇帝，这其实是一种难得的境界。

宋仁宗是宋代帝王中的明君圣主，在他在位期间，国家太

一本书知晓宋朝

平,边境安定,经济繁荣,科学文化发达,人民生活安定。仁宗当政期间,政府正式发行了世界上最早的纸币——"官交子"(相对于"私交子"而言)。当仁宗死亡的消息传出后,"京师罢市巷哭,数日不绝,虽乞丐与小儿,皆焚纸钱哭于大内之前";当他的死讯传到洛阳时,市民们也自动停市哀悼,焚烧纸钱的烟雾飘满了洛阳城的上空,以致"天日无光"。他的死甚至影响到了偏远的山区,当时有一位官员前往四川出差,路经剑阁,看见山沟里的妇女们也头戴纸糊的孝帽哀悼这位仁爱的皇帝。

当讣告送达辽国时,大辽的皇帝也非常难过,将仁宗送给他的御衣"葬为衣冠冢",岁岁祭奠。当时有人路过永昭陵,在陵寝的墙壁上题诗写道:"农桑不扰岁常登,边将无功更不能。四十二年如梦觉,春风吹泪过昭陵。"

仁宗性情宽厚,崇尚节俭,还颇能约束自己,因此他受到古代历史学家、政治家的称赞。据历史记载,有一天,他处理事务直到深夜,又累又饿,很想吃碗羊肉热汤,但他忍着饥饿没有说出来。第二天皇后知道此事,就劝他:"陛下日夜操劳,千万要保重身体,想吃羊肉汤,随时吩咐御厨就好了,怎能忍饥使陛下龙体受亏呢?"仁宗对皇后说:"宫中一时随便索取,会让外面看成惯例。我昨夜如果吃了羊肉汤,厨下以后就会夜夜宰杀,一年下来,就要数百只。若形成定例,日后宰杀之数更不堪算计。为我一碗饮食,创此恶例,且又伤生害物,于心实在不忍。因此我甘愿忍一时之饥。"

一本书知晓宋朝

仁宗还是一个善于纳谏的皇帝,仁宗朝最著名的谏臣当属千古流芳的包拯了。"包青天"实在是政治清明的产物而非其他,试想,如果仁宗是一个昏庸无道的皇帝,哪会有"包青天"产生的政治环境呢?在担任监察御史和谏官期间,包拯屡屡犯颜直谏,但仁宗还是接受了他的建议。有一次,包拯在朝堂上要拿掉三司使(相当于国家计委主任兼财政部长)张尧佐的职务,理由是他政绩平平,毫无建树。张尧佐是仁宗的宠妃张氏的伯父。包拯把奏章递上去之后,仁宗也有点犯难。最后他想了个变通的办法,就是让张尧佐去当节度使。没想到包拯还是不愿意,而且谏诤更加激烈。

仁宗有些生气地说:"节度使是粗官,何用争?"包拯的回答更加不客气:"节度使,太祖、太宗皆曾为之,恐非粗官!"由于包拯的坚持,张尧佐最终没能当成节度使。

仁宗时期不仅出现了包拯,还出现了"求之千百年间,盖示一二见"、在《岳阳楼记》中唱出"先天下之忧而忧,后天下之乐而乐"的范仲淹,以及倡导文章应明道致用、领导北宋古文运动的欧阳修等著名人物。而仁宗庆历初年实施的"庆历新政",即由范仲淹主持的那场社会改革,更为王安石变法起到了投石问路的先导作用。

宋朝是中国历史上自春秋战国后,第二个比较开放和宽容的时代。其根源就在于太祖皇帝赵匡胤的重文抑武和宽宏大量。赵匡胤统一中国后,通过杯酒释兵权,实现了向文官治国的转变,而没有诛杀有功大臣。尤其难能可贵的是,赵匡胤制

定了法律,规定不能在朝廷上鞭打大臣,不准对公卿辱骂。宋朝不兴文字狱,对读书人比较宽容。

到了宋仁宗赵祯时期,这个传统被弘扬到最大。赵祯爱好学习,崇拜儒家经典。他首次将《论语》、《孟子》、《大学》、《中庸》拿出来合在一起让学生学习,开启了"四书"的先河。

有一次,出使北方的使者报告说高丽的贡物越来越少了,要求出兵。仁宗说:"这只是国王的罪过。现在出兵,国王不一定会被杀,反而要杀死无数百姓。"所以最终置之不理。

四川有个士子,献诗给成都太守:"把断剑门烧栈阁,成都别是一乾坤。"这不是明目张胆地煽动造反么?成都太守将他缚送京城,交给皇帝严加惩治。但是仁宗却道:"这是老秀才急于要做官,写首诗泄泄愤,怎能治罪呢?不如给他个官做做吧。就授他为司户参军吧!"

仁宗在位42年,最后病死于汴京宫中福宁殿。遗诏中说:由太子赵曙即位,进曹皇后为太后,丧礼必须从简。死时讣告送到敌对国家辽国,竟然"燕境之人无远近皆哭",连辽国皇帝耶律洪基也握着使者的手嚎啕痛哭道:"四十二年不识兵革矣。"

"仁"是对帝王的最高评价。"为人君,止于仁。"可见,赵祯确实是当之无愧的"仁"君。

宋英宗赵曙为什么能继承皇位?

宋英宗赵曙,北宋第五代皇帝,公元1063年~1067年在位,原名宗实,后改名赵曙。赵曙是太宗的曾孙,真宗之弟商王赵

元份的孙子,濮安懿王赵允让的儿子。由于仁宗无子嗣,因此英宗幼年被仁宗接入皇宫抚养,赐名为宗实。公元1050年,赵曙任岳州团练使,后为秦州防御使。嘉祐七年(公元1062年),赵曙被立为皇太子,封钜鹿郡公。嘉祐八年即帝位。

英宗不是仁宗的亲生儿子,本与皇位无缘。作为北宋第一位以宗子身份继承大统的皇帝,应该说,他是非常幸运的。

但不幸的是,他自幼体弱多病,继位之初即大病一场,所以不得不由曹太后垂帘,虽然后来亲政,但不久便病故,在位仅仅5年,这在两宋诸帝中也是鲜见的。英宗同他名义上的父亲仁宗一样,也是一位很想有所作为的皇帝,但他近乎偏执地恪守孝道,使得他即位之初便与曹太后矛盾重重。亲政不久,更是演出了一场震惊朝野的追赠生父名分的闹剧。等到这场争议得以平息,他的生命也就走到了尽头,于是,振作国势的改革大业只好留给他的儿子宋神宗去完成。

英宗在位期间,任用旧臣韩琦等人,不想改革,但与辽国和西夏没有发生战争。公元1067年,英宗病逝于宫中福宁殿,葬于永厚陵,陪葬有高后、狄青、杨延昭等。

宋神宗赵顼有哪些重大作为?

宋神宗赵顼(xū),北宋第六代皇帝,公元1067年~1085年在位,年号为熙宁、元丰。神宗为英宗赵曙之子,继位时不满20岁。

神宗怀有恢复旧疆的强烈愿望,十多岁时,曾披甲去见祖母曹后;对群臣提到仁宗时辽国侵略之事,便激动得落泪。继

太后的执政与压制非常不满。到了元祐八年（公元1093年），高太后病死，哲宗开始亲政。哲宗是北宋比较有作为的皇帝，亲政后，他立即追贬司马光，并贬谪苏轼、苏辙等旧党党人于岭南（今广西一带），接着重用革新派如章惇、曾布等，恢复王安石变法中的保甲法、免役法、青苗法等，减轻农民负担，使国势有所起色。次年改元绍圣，并停止与西夏和谈，多次出兵讨伐西夏，迫使西夏向宋朝乞和。元符三年（公元1100年）一月，哲宗病逝于汴京（今河南开封）。

为什么说宋徽宗赵佶是个荒淫无度的皇帝？

宋徽宗赵佶（jí），宋神宗的十一子，宋朝第八位皇帝。元丰八年（公元1085年）封遂宁郡（今四川省遂宁市）王，绍圣三年（公元1096年）封端王。由于赵佶的兄长宋哲宗无子，所以死后传位于赵佶。徽宗在位时间为公元1100年至1125年。

赵佶在位期间，过分追求奢侈生活，重用蔡京、童贯、高俅、杨戬等奸臣主持朝政，大肆搜刮民脂民膏，穷奢极侈，荒淫无度。他建立了专供皇室享用的物品造作局，而且四处搜刮奇花异石，用船运至开封，称为"花石纲"，以营造延福宫和艮岳。

赵佶信奉道教，自称"教主道君皇帝"，大建宫观，并设道官二十六阶，发给道士俸禄。赵佶在位期间，爆发了方腊、宋江等领导的民变。宣和二年（公元1120年），赵佶遣使与金朝订立盟约，夹攻辽国。宣和七年，金军南下攻宋。他传位赵桓（宋钦宗），自称太上皇。靖康元年（公元1126年）八月，金太宗再次命东、西两路军大举南下，宋兵部尚书孙傅把希望放在道士郭

一本书知晓宋朝

京身上,妄图以"六甲法"破敌,但神兵大败,金兵分四路乘机攻入城内,金军攻占了汴京。宋钦宗遣使臣到金营请和,宗翰、宗望二帅不允。靖康二年(公元1127年)二月,金太宗下诏废徽、钦二帝,贬为庶人。北宋灭亡,徽、钦二帝被俘北上,后被押往北边囚禁。金天会八年(公元1130年)七月,金国又将徽、钦二帝迁到五国城(今黑龙江省依兰县城北旧古城)软禁。到达五国城时,随行男女仅剩140余人。流放期间,徽宗仍然雅好写诗,读唐代李泌传,感触颇深。五年后,即天会十三年(公元1135年)四月,徽宗病死于五国城,照当地习俗火葬。

皇统元年(公元1141年)二月,金熙宗为改善与南宋的关系,将死去的徽宗追封为天水郡王,将钦宗封为天水郡公,以示尊重。绍兴十二年(公元1142年)三月,宋金《绍兴和议》彻底完成所有手续。公元1142年5月1日,高宗生母韦贤妃同徽宗棺椁归宋。同年八月,十余辆牛车到达临安,十月,南宋将徽宗葬于会稽(今浙江省绍兴市),名曰永固陵(后改名永佑陵)。

为什么说宋钦宗赵桓是一个倒霉的皇帝?

宋钦宗赵桓,北宋第九位皇帝,也是北宋最后一位皇帝,曾名亶、煊,生于元符三年(公元1100年)四月十三日。宣和七年(公元1125年)十二月,在金兵大举入侵之际,徽宗禅让帝位,赵桓被迫即位,是为钦宗,改次年为靖康元年。靖康二年,钦宗与其父徽宗同被金兵俘虏北去。绍兴二十六年(公元1156年)死于五国城,享年57岁,葬于永献陵。

赵桓受父亲宋徽宗逊位后即位为皇帝,是为宋钦宗,改元

"靖康"。即位后，他立即贬蔡京、童贯等人，然后重用李纲抗金。但是他为人懦弱无能，优柔寡断。后来听从奸臣谗言，罢免了李纲，向金人求和。金国乘此机会于靖康二年（公元1127年）南下渡黄河破宋京东京（今开封），史称"靖康之变"。

靖康二年（公元1127年）二月，金太宗下诏废徽、钦二帝，贬为庶人，强行脱去二帝龙袍，随行的李若水抱着钦宗身体，斥责金人为狗辈，金人用刀割裂他的咽喉，金人册封张邦昌为帝，国号"大楚"，北宋灭亡。七月，徽、钦二帝被俘北上，迁到中京（北京），靖康三年（公元1128年）八月二十一日抵达金上京会宁府。二十四日，徽、钦二帝身着素服跪拜太祖庙，行"牵羊礼"，在乾元殿拜谒金太宗。完颜吴乞买封宋徽宗为昏德公，钦宗为重昏侯，十月，二帝迁往韩州（吉林省梨树县北偏脸城）。天会八年（公元1130年）七月，又将二帝迁到五国城（今黑龙江省依兰县城北旧古城）软禁。

八年后，天会十三年（公元1135年）四月，徽宗病死于五国城。

天眷三年（公元1140年），金主战派完颜宗弼（兀术）率领金国军队南侵。在开封正南偏东的顺昌，金军败于刘锜所率的"八字军"。接着在开封西南的郾城和颖昌，金军又两次败于岳飞的岳家军，只在开封东南面的淮西亳州、宿州一带战胜了宋军中最弱的张俊一军。在宋高宗以"十二道金牌"召回岳家军以前，金军已被压缩到开封东部和北部。完颜宗弼开始转向接受议和。

一本书知晓宋朝

皇统元年(公元1141年)二月,金熙宗为改善与南宋的关系,将死去的徽宗追封为天水郡王,将钦宗封为天水郡公。金熙宗之所以这样做,第一提高了级别,原来封徽宗为二品昏德公,追封为王升为一品,原封钦宗为三品重昏侯,现封为升为二品。第二是去掉了原封号中的污侮含义。第三是以赵姓天水族望之郡作为封号,以示尊重。与此同时,南宋朝廷解除了岳飞、韩世忠、刘锜、杨沂中等大将的兵权,为《绍兴和议》做好了准备。十一月间,宋、金就《绍兴和议》达成书面协议。十二月末除夕夜(公元1142年1月27日),南宋朝廷杀害了岳飞,据《宋史》载是为了满足完颜宗弼议和所提的条件。绍兴十二年(公元1142年)三月,宋金《绍兴和议》彻底完成所有手续。公元1142年5月1日,高宗生母韦贤妃同徽宗棺椁归宋。离行时,钦宗挽住她的车轮,请她转告高宗,如果能回去,他只要当个太乙宫主就满足了。韦贤妃哭着说:"如果你不回来,我宁愿眼睛瞎掉算了。"但是宋高宗由于自己已经绝后(孝宗是养子),不想让钦宗或其子孙继承帝位,所以宋钦宗到死也没能回到宋都。而韦贤妃晚年也果真患了眼疾,瞎了一只眼睛。

大约在绍兴二十六年(公元1156年)六月,宋钦宗去世。关于他的死因,众说纷纭,最普遍的说法是,金国皇帝完颜亮叫57岁的钦宗和81岁耶律延禧去比赛马球,宋钦宗从马上跌下来,被乱马践踏而死。

钦宗在国家危在旦夕之际接任为帝,毫无作为就被金国强行脱去龙袍。被金国掳走之后,钦宗终生未能回到故土,最终

死于马蹄之下，实在算得上大宋朝最倒霉的一位皇帝。

宋高宗赵构是个怎样的皇帝？

宋高宗，名赵构，字德基。北宋灭亡以后，赵构在南京即帝位，是南宋的第一位皇帝。赵构在位36年，让位后病死，终年81岁，葬于永思陵（今浙江省绍兴县东南35里处宝山）。

赵构先后被封为广平王、康王。靖康元年（公元1126年），他在金兵大举南侵时，奉钦宗之命，与王云一起出使金国求和。经过磁州（今河北省磁县）时，州官宗泽劝阻他说："金朝要你去议和，这是骗人的把戏，他们已经兵临城下了，求和还有什么用，你此去岂不是自投罗网？"百姓也拦住了他的马，不让他北去。赵构害怕自己被金国扣留，于是驻留相州（今河南省安阳县），称河北兵马大元帅。

靖康二年（公元1127年），金兵攻陷汴京，北宋灭亡。赵构在南京应天府（今河南省商丘县南）即位，改年号为建炎。

赵构即位后，在金兵追击下不断南逃。据说，赵构有一次在黄河北岸被金兵追击，只剩下了他单身匹马，后有忠臣之子李马舍生忘死地背着他逃到河边，又驾船过河，才幸免于难。事后，赵构为了标榜自己是真命天子，有天神相助，捏造出了"泥马渡康王"的故事。他担心李马会泄露事情真相，便将李马药哑，不久又杀死了李马。

高宗在位初期，起用抗战派李纲为相，以宗泽为东京留守，发动军民抗金。不久，他罢免了李纲，启用投降派黄潜善、汪伯彦，把宋军防线由黄河一线南移至淮、汉、长江一线，从而使抗

战形势发生逆转。金兵分兵三路轻易渡过黄河，并在不到三个月之内即占领了西自秦州、东至青州一线的广大地区。

从建炎元年（公元1127年）到绍兴八年（公元1138年）的十余年间，高宗一直辗转在东南沿海各地，躲避金军。他未听从张浚"权都建康，渐图恢复"的建议，南逃到临安（今杭州市）定都。东京留守宗泽打算渡河北伐，力劝高宗回汴京坐镇，高宗置之不理，沉迷于偏安一隅。

在高宗逃抵临安后，又为形势所逼，任用岳飞、韩世忠等主战派将领抗金，后又任用投降派秦桧为宰相，对金委曲求和，一味地屈膝妥协。绍兴十年（公元1140年），金军大举入侵，宋军在反击金军的南下中，取得了顺昌、郾城等役的胜利，岳飞军收复西京（即洛阳），前锋直抵朱仙镇，离汴京仅有45里之遥。然而宋高宗却担心有碍对金的和议，他与秦桧迫令张俊、杨沂中、岳飞等撤军，金将完颜宗弼（金兀术）则乘机率重兵进军淮南，形成大军压境之势。为了彻底求和，高宗召韩世忠、张俊、岳飞三大将入朝，明升暗降，解除兵权，同时还撤销了专为对金作战而设置的三个宣抚司。不久，更诬陷、冤杀了岳飞，以割地、纳贡、称臣的屈辱条件，与金朝订立了"绍兴和议"。

高宗对内还全力镇压了洞庭湖地区的钟相、杨么农民起义。"绍兴和议"后又全力排斥打击抗战派，因此朝政完全被议和派所把持，致使大批主战派官员被贬谪迫害。高宗还严禁对议和不满的呼声，太学生张伯麟在壁上题词："夫差，你忘记越王杀害你的父亲吗？"结果被打了几十大板后刺配吉阳充军。

一本书知晓宋朝

绍兴三十一年（公元1161年）九月，金废帝完颜亮撕毁和议，再次举兵南侵。在采石矶（今安徽省马鞍山市西南）为虞允文统率的宋军所击败，使南宋再次转危为安。高宗以屈辱换取苟安的国策遭到了军民的强烈反对，使得他的统治难以继续维持。高宗和宰相陈康伯等经过商议后，以年老厌烦政务和想以"淡泊为心，颐神养志"为借口，在次年六月宣布退位，禅位于太子赵昚，自称太上皇，退居德夺宫。

淳熙十四年（公元1187年）十月，赵构病死于临安宫中的德寿殿，死后的庙号为高宗。

为什么说宋孝宗赵昚是南宋最杰出的皇帝？

宋孝宗赵昚（shèn），南宋第二位皇帝，公元1162年至1189年在位，宋太祖七世孙，初名伯琮，后改名瑗，赐名玮，字元永。他是宋高宗的养子，原来是太祖赵匡胤的次子赵德芳的六世孙，父亲为秀安僖王赵子偁（chēng）。宋孝宗被普遍认为是南宋最杰出的皇帝，在位27年，淳熙十六年（公元1189年）逊位，让位与儿子赵惇。

孝宗登基后，定年号为隆兴，立志光复中原，收复河山，遂恢复名将岳飞谥号"武穆"，追封岳飞为鄂国公，剥夺秦桧的官爵，并且命令老将张浚北伐中原，但军队在符离遭遇金军阻击，大败。接着金军乘胜追击，南宋军队损失惨重。宋孝宗被迫于隆兴二年（公元1164年）和金国签订"隆兴和议"。次年改元"乾道"，并任用王淮理财备战。乾道年间，由于没有战事的干扰，宋孝宗专心理政，百姓富裕，五谷丰登，太平安乐，一改高

宗朝时贪污腐朽的局面。由于宋孝宗治国有方，南宋出现了"乾淳之治"的小康局面。

淳熙十四年（公元1187年）十月，高宗病逝，孝宗为了服丧，让太子赵惇参预政事。淳熙十六年（公元1189年）二月，孝宗禅位于太子，太子即位后，是为宋光宗。孝宗自称太上皇，闲居重华殿，继续为高宗服丧。光宗与孝宗不和，长期不去探望孝宗。为此，孝宗闷闷不乐而起病，最终在宋光宗绍熙五年（公元1194年）6月病逝于临安重华殿。

宋光宗赵惇为什么会从东宫"孝子"变成一个不孝之君？

宋光宗赵惇，南宋第三位皇帝，公元1190年至1194年在位。庆元六年（公元1200年）春，光宗病逝，享年54岁，死后葬于永崇陵（今浙江绍兴东南35里处宝山）。

光宗赵惇是南宋的第三位皇帝。他生于绍兴十七年（公元1147年）九月四日，43岁登基，仅仅过了两年，就患上了精神疾病。两宋历史上患有精神障碍的皇室子弟并不罕见，如太宗之弟赵廷美、太祖长子赵德昭、太宗长子赵元佐和六子赵元偓，他们的死都与心理疾病有关。这或许是出于某种遗传，加上统治集团内部无休止的勾心斗角，一些皇室成员的人格和心理不可避免地受到某种程度的损害。光宗的病态心理源自于他对父亲的猜忌和对妻子的惧怕。在位6年间，光宗的病情不断加重，最后不得不在48岁时退位。光宗在位时间虽短，却在宋代历史上写下了极为奇特的一笔。

一本书知晓宋朝

孝宗皇后郭氏共生有四子,长子邓王赵愭(qí),次子庆王赵恺,三子恭王赵惇,四子早夭。孝宗最初立赵愭为皇太子,但不久赵愭病死。按照礼法,庆王、恭王同为嫡出,当立年长的庆王为太子。然而,孝宗认为庆王秉性过于宽厚仁慈,不如恭王"英武类己",所以决定舍长立幼,于乾道七年(公元1171年)二月立恭王赵惇为太子。有趣的是,孝宗对并非自己生父的高宗谦恭仁孝,而光宗对自己的生身之父孝宗却一直怀着极大的疑惧和不信任。在东宫时,为了稳定储君的地位,光宗还能对孝宗毕恭毕敬,然而一旦登基为帝,父子之间的矛盾便开始凸现出来。

东宫历来都是权力斗争的漩涡中心,赵惇作为太子,一旦言行稍有疏忽,不仅储君之位不保,而且还可能招致杀身之祸。赵惇深知这一点,因此,他入主东宫后,勤奋好学,一举一动都严守礼法,对孝宗也是克尽孝道。孝宗常以诗作赐与太子,不断激励他登基后成就一番伟业,赵惇在诗中也竭尽所能地称颂父皇的功绩,努力表现自己的中兴大志。这种父唱子和无疑使孝宗倍感欣慰。

赵惇小心翼翼地在东宫做了十几年孝子,眼看已到了不惑之年,却仍不见孝宗有将皇位传给他的意向,所以有些耐不住了。一天,太子向孝宗试探道:"我的胡须已经开始白了,有人送来染胡须的药,我却没敢用。"孝宗听出了赵惇的弦外之音,答道:"有白胡须好,正好向天下显示你的老成,要染须药有什么用!"赵惇碰了软钉子,从此不敢再向孝宗提及此事,转而求

助于太皇太后吴氏（高宗皇后）。他多次宴请太皇太后品尝时鲜美味，太皇太后心知肚明，在某些场合也曾向孝宗暗示过，应该早点传位给太子，但得到的回答却是太子还须历练。父亲威严强干，却又迟迟不肯放权，这也许已经在赵惇的心里投下了某种不祥的阴影。

淳熙十四年（公元 1187 年）十月，高宗驾崩，孝宗悲痛欲绝。对高宗的禅位之恩，孝宗一直心存感激，加上自己已经年逾六旬，对恢复中原也深感力不从心，因此他一改以往为先帝服丧以日代月的惯例，坚持守三年之丧，既表明他对高宗的孝心，也借机摆脱烦琐的政务。淳熙十六年二月，时年 43 岁的赵惇终于盼到了内禅大典。孝宗传位于太子后，退居重华宫。他原本希望能像高宗那样，悠闲地安度晚年，却没有料到他与赵惇之间的父子矛盾骤然剧烈起来。

登上了皇位的光宗觉得自己再也没有必要装出"孝子"的模样来讨孝宗的欢心了。即位之初，他还曾仿效孝宗侍奉高宗的先例，每月 4 次朝见重华宫，偶尔也会陪孝宗宴饮、游赏，但是没过多长时间，光宗便开始找借口回避这种例行公事，父子之间的隔阂逐渐显现出来。

绍熙初，光宗独自率宫中嫔妃游览聚景园。大臣们对此议论纷纷，他们认为高宗在世时，孝宗凡出游，必恭请高宗同行，而光宗却只顾自己游玩。看到这样的奏章，光宗极为恼火，恰逢此时孝宗遣宦官赐玉杯给光宗，光宗余怒未息，手握不稳，不小心打碎了玉杯。宦官回到重华宫，将事情的经过掐头去

一本书知晓宋朝

尾,只禀报说:"皇上一见太上皇赏赐,非常气愤,连玉杯都摔碎了。"孝宗心中自然不快。还有一次,孝宗游东园,按例光宗应当前往侍奉,可到了家宴之时,却仍不见他的踪影。一向搬弄是非的重华宫宦官故意在园中放出一群鸡,命人捉又捉不着,便相与大呼:"今天捉鸡不着!"当时临安人称乞酒食于人为"捉鸡",宦官们显然语带讥讽,暗指孝宗寄人篱下的处境。孝宗虽佯装不闻,但内心的愤怒与痛苦可想而知,毕竟光宗是自己的亲生儿子,连起码的礼数都没有,作为父亲,焉能听之任之?

种种迹象已让孝宗感觉到光宗对自己的冷落和怠慢,而在立储问题上,父子二人的意见也有着严重分歧,这就进一步激化了原有的矛盾。光宗皇后李氏只生有嘉王赵扩一人,立为太子,本是顺理成章之事,然而却受到孝宗的阻挠。可能是因为嘉王天性懦弱,孝宗认为他不适宜继承皇位,相比之下,魏王赵恺的儿子嘉国公赵抦生性聪慧,深得孝宗喜爱。当初光宗取代了二哥赵恺,成为太子,如今孝宗却宠爱赵恺之子,不同意将嘉王立为储君,这在无形中就加深了光宗心中对孝宗的不满与猜忌,让他时时感到恐惧和不安。在他看来,父亲似乎不仅对嘉王的太子地位,甚至对自己的皇位,都是潜在的巨大威胁。在别有用心的李后和宦官们的不断离间挑拨下,这种恐惧感逐渐成为光宗挥之不去的心理阴影,其心理和精神压力越来越大,终于导致了无端猜疑和极度偏执的症状。他视重华宫为畏途,不再定期前去问安,尽可能躲避着孝宗。天子孝行有亏,

臣子劝谏责无旁贷，而臣僚们的这些言行更激起了光宗的固执与疑惧，最终引发历时数年的过宫风波。

光宗病情不断加重，皇后李氏负有不可推卸的责任。李氏生性妒悍，又有着强烈的权力欲。一方面，她独霸后宫，不允许任何女人与她争宠，光宗对此只有忍气吞声，抑郁不乐；另一方面，她视孝宗夫妇为她皇后地位的最大威胁，想方设法离间孝宗与光宗的父子关系，从很大程度上加剧了光宗的病态心理。

综观宋代后妃，能够影响朝政者并不少见，但像李氏这样蓄意制造皇帝父子对立的皇后，在两宋历史上是绝无仅有的。

宋光宗是宋朝所有皇帝中比较昏庸的一位。他既没有安邦治国之才，而且听取奸臣谗言，罢免辛弃疾等主战派大臣，又由当时著名的妒妇，心狠手辣的李皇后来执政，奸佞当道，因此朝政从宋孝宗时的清明转向腐败，而光宗自己也不思朝政，沉湎于酒色之中。

绍熙五年（公元1194年），宋孝宗得病，宋光宗既不请人看病又不去探望孝宗。后来孝宗病逝，光宗也不服丧。因此，大臣韩侂胄和赵汝愚经过太皇太后允许，逼迫光宗退位。光宗只好让位于太子赵扩，自己闲居临安寿康宫，自称"太上皇"。赵扩主持完宋孝宗的葬礼，就登基称帝，是为宋宁宗。

庆元六年（公元1200年）春，光宗因过于闷闷不乐而去世。

宋宁宗赵扩是怎样一个皇帝？

宋宁宗，名赵扩，光宗次子，光宗退位后即位。宁宗在位30

年,病死,终年57岁,葬于永茂陵(今浙江省绍兴县东南35里处宝山)。

宋宁宗赵扩,曾封为嘉王、平阳王。光宗在位时,被立为太子。绍熙五年(公元1194年)光宗退位后,由赵扩即位,第二年改年号为"庆元"。当太皇太后宣布让他即位时,他连说:"做不得,做不得。"太皇太后命令左右说:"拿皇袍来,由我亲自替他穿上。"他又急忙拉住韩侂胄的手臂求助,又绕着殿柱躲避。太皇太后呵令他站住,并流着泪说大宋王朝延续到今天的不易,韩侂胄也在一旁百般劝说。他见太皇太后的决定已经不可改变,才穿上皇袍,叩太皇太后,嘴里还喃喃自语:"使不得,使不得。"经韩侂胄拖拉,他才走出内宫,登朝堂即位。

宁宗即位后,重用赵汝愚和韩侂胄二臣。后赵、韩斗争十分激烈,宁宗便罢免赵汝愚,重用韩侂胄,由韩侂胄专擅朝政。宁宗又下令禁止道学;定理学为伪学,罢斥朱熹等理学家,史称"庆元党禁"。

南宋开禧元年(公元1205年)四月,宁宗采纳韩侂胄的建议,崇岳贬秦,追封岳飞为鄂王,削去秦桧死后所封的申王,改谥"谬丑",有力地打击了主和派,大快了人心。同年五月,宁宗下诏北伐金朝,史称"开禧北伐"。开战初期宋军收复了一些失地,后来由于韩侂胄用人不当,于第二年被金国大败。杨皇后与主和派礼部侍郎史弥远趁机杀死韩侂胄,将其首级送往金朝。朝政被史弥远、钱象祖把持,嘉定元年(公元1208年),与金订定了屈辱的"嘉定和议"。

宁宗比较能够体恤民间疾苦。有一年元宵节,他独自对着蜡烛清坐着。太监劝他设宴过节,热闹一番,他说:"宫外百姓没有饭吃,我能安心宴饮吗?"宁宗平时在后宫走动,总命令两个太监背着两架小屏风作为前导。到了哪里,就将它们坚起,上面写着"少吃酒,怕吐"、"少食生冷,怕痛"。遇到妃子劝他吃生冷食物和饮酒时,他就指着屏风拒绝。

嘉定十七年(公元 1224 年)闰八月,宁宗病死于临安宫中的福宁殿。

为什么说宋理宗赵昀是一个比较昏庸的皇帝?

宋理宗,名赵昀,初名赵与莒,又名贵诚,是宁宗的养子,宁宗病死后即位。理宗在位 40 年,病死,终年 60 岁,葬于永穆陵(今浙江省绍兴县东南 35 里处宝山)。

宋理宗赵昀,太祖十世孙,山阴尉赵希卢子。宁宗原立赵询为太子,后来赵询夭折,另立宗室子赵宏为太子。赵宏因与权臣史弥远不和,又被史弥远废黜。史弥远从浙东访得赵昀,便将他接回临安,由宁宗收为养子,在宫中接受教育,后封为沂王,立为太子。宁宗于嘉定十七年(公元 1224 年)闰八月病死,赵昀于同月即位,第二年改年号为"宝庆。"

理宗即位后,仍由史弥远专权,他只顾沉湎于酒色,享乐于后宫。绍定六年(公元 1233 年)史弥远死后,理宗开始亲政。端平元年(公元 1234 年)正月,南宋联合蒙古攻灭了金朝,又乘蒙古军主力北还之际,向蒙古人发起了进攻,几乎没有经过战斗

一本书知晓宋朝

就重新占领了原北宋的西京、东京、南京（今河南洛阳、开封、商丘）。不过金军很快就被蒙古军所驱逐。端平二年（公元1235年），蒙古大汗窝阔台决定南下征服宋朝，从此拉开了蒙宋战争序幕。

理宗初期任用孟珙、余阶等人抗击蒙古，尚能维持局面。后来，他信用丁大全，内侍董宋臣，晚年更是将朝政委托给奸相贾似道，自己则尊崇理学、纵情声色，导致政治黑暗，忠臣受屈，蒙古军不断攻逼，境土日蹙，南宋王朝日趋衰落。

开庆元年（公元1259年），蒙古蒙哥汗弟忽必烈进围鄂州（今湖北省武汉市），并准备进攻南宋都城临安。理宗惶恐异常，派贾似道以右丞相兼枢密使的身份屯兵汉阳（今湖北汉阳）以援鄂州。当时正逢蒙哥病死，忽必烈急忙去争位，就与贾似道和谈。贾似道擅自以宋理宗向蒙古称臣和赔款的屈辱条件求和。昏庸的理宗对前线战况毫无所知，贾似道回朝后还被加官进爵。

自从所谓"鄂州大捷"之后，理宗很快就忘掉了国难，又纵情于醉生梦死的荒淫生活中。宦官董宋臣之流就在宫中兴建芙蓉阁、香兰亭，供理宗离享乐。有一次，理宗召了一群娼妓进皇宫。侍郎牟子才上奏折进谏，并说："这都是董宋臣在引诱陛下。"理宗不听，牟子才又画了一张《高力士脱靴图》献上。董宋臣一见大怒，哭着对理宗挑拨说："牟子才把陛下比作唐明皇，阎妃为杨贵妃，臣为高力士，他自己则以李白自居。"理宗听信谗言，从此就排斥和疏远了牟子才。

一本书知晓宋朝

景定五年（公元1264年）十月，理宗因嗜欲过度而得病，下诏征求名医进宫，有能为他治好病的，赐给良田，金银财帛，授以高官厚禄，但是并无一人前来应征。不久，理宗死于临安。

为什么说宋度宗赵禥比宋理宗还昏庸荒淫？

宋度宗，名赵禥（qí），太祖第十一世孙，荣王赵与芮之子，初名孟启，又名孜、长源。由于宋理宗赵昀没有儿子，所以赵禥被理宗收为养子，先后封为建安王、永嘉王、忠王。公元1260年理宗在位时，赵禥被封为太子。理宗于景定五年（公元1264年）十月病死，赵禥于同日即位，第二年改年号为"咸淳"。

度宗即位后，孱弱无能，其荒淫程度更甚于理宗，整天宴坐后宫，与妃嫔们饮酒作乐。据《续资治通鉴·宋纪一百八十》记载："帝自为太子，以好内闻；既立，耽于酒色。故事，嫔妾进御，晨诣合门谢恩，主者书其月日。及帝之初，一日谢恩者三十馀人。"这段话的大意是，赵禥做皇太子时就以好色出名。当了皇帝以后更是有过之而无不及。根据宫中旧例，如果宫妃在夜里奉召陪皇帝睡觉，次日早晨就要到合门感谢皇帝的宠幸之恩，主管的太监会详细记录下受幸日期。赵禥刚当皇帝时，一天到合门前谢恩的宫妃就有三十余名。

度宗还封贾似道为太师，倍加宠信，将朝政统统委托给他。贾似道见度宗比理宗还要昏庸，因此更加专横跋扈，目无天子，稍不加意，就以辞官相要挟，度宗唯恐他不辞而别，总是卑躬屈膝地跪拜，流着眼泪挽留他。度宗还特授贾似道平章军国重事，允许他三日一朝，后来放宽到十日一朝，而且每次退朝，

度宗总要离座目送他走出大殿,才敢坐下。度宗又为贾似道在西湖葛岭建筑了精美的住宅。贾似道大肆淫乱,致使南宋朝政昏暗混乱不堪。

忽必烈在夺得蒙古汗位,稳定内部之后,随即派兵侵犯南宋四川地区,并沿汉江南下。度宗咸淳四年(公元1268年),蒙军包围襄阳,次年又围攻樊城。贾似道却隐匿不报,也不派兵增援。以至襄樊被围攻了三年,形势非常危急。后来,度宗知道了,追问贾似道。贾似道仍然隐瞒真相,说:"北兵已经退去,这是谁造的谣?"度宗回答是一个宫女告诉他的,贾似道就将那宫女杀了。

咸淳九年(公元1273年)正月,樊城被元军攻破,同年二月,襄阳守将吕文焕在粮尽援绝的情况下献城投降。消息传来,贾似道佯装率军出征,胆小无能的度宗偏死死拖住贾似道,不让他出征。

咸淳十年(公元1274年)七月,度宗因酒色过度,死于临安宫中的福宁殿,遗诏由太子赵㬎继位。

宋恭帝赵㬎一生充满怎样的离奇遭遇?

宋恭帝,名赵㬎(xiǎn),宋度宗之子。度宗病死后,由赵㬎继位。恭帝在位两年,被元军俘后送西藏为僧,后被冤杀,终年53岁。

宋恭帝赵㬎,曾封为嘉国公。度宗病重时,贾似道反对立杨妃所生度宗长子赵昰继位,度宗只得按贾似道的意思立赵㬎为皇太子。咸淳十年(公元1274年)七月,度宗病死后,赵㬎继

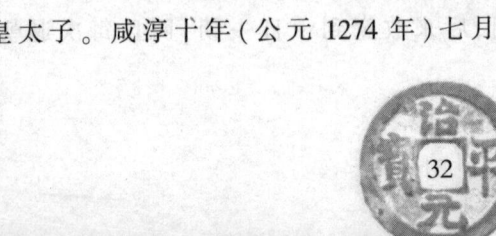

位,第二年改年号为德祐。

恭帝即位时,年仅4岁,由谢太皇太后主持国政,初年实际上仍由贾似道专权。

咸淳十年(公元1274年)十二月,元军攻下鄂州后,沿汉水长驱直入,沿途宋将纷纷降元。太学生和群臣上表,一致要求贾似道亲自督师抗元。德祐元年(公元1275年),贾似道被元军大败于丁家州(今安徽芜湖),宋军主力尽丧,元军势如破竹,进逼临安。

德祐二年(公元1276年)正月,恭帝随谢太皇太后投降。二月,他和母亲全太后及随从被押离临安北上,五月抵达大都,被元世祖忽必烈降封为瀛国公、开府议同三司检校大司徒。公元1282年12月,恭帝又被迁居至上都(今内蒙古多伦县西北石别苏克),度过了自己的少年时代。随着年龄的增长,他逐渐了解了自己过去至尊的地位和眼下屈辱的处境,心情凄伤,抑郁满怀。

公元1288年,恭帝已经18岁,元世祖担心留着他将会成为后患,所以准备除掉他。恭帝得知这个消息后,请求脱离尘世,永生为僧,以绝元世祖的疑虑。元世祖答应了他的请求,于同年12月遣送他入吐蕃,习学佛法。从此,他长期居住于西藏萨迦大寺,更名为合尊法师,号木波讲师,过着清苦孤寂的庙宇生活,终日以青灯黄卷为伴,潜心于学习藏文,研究佛法。多年的苦读,使恭帝通晓了藏文,贯通了佛学,成为佛门学问僧,一度担任过萨迦大寺的总主持。他进而从事佛经的翻译,译成

《因明入正理论》、《百法明门论》等经文问世，被藏史学家列入翻译大师之列。

据说，恭帝在西藏为僧之时，一次，元朝皇族赵王经过寺院，见他年老孤单，颇为同情，留下一回族女子与他作陪。公元1320年，回女生下一子，正巧元明宗经过，非常喜爱这刚生下的婴儿，便要了去作为养子，取名为妥欢贴睦尔，就是日后的元顺帝。又说明成祖朱棣在观看历代帝王像时，见到元顺帝画像时惊异地说："他怎么不像元朝列帝而像宋朝列帝？"不过，不少学者认为此说并不可靠。

公元1323年，恭帝因诗文而遭到文字狱之灾，被屈杀。藏史学家都对他的冤死深表同情。

纵观恭帝一生，就地位而言，他从南宋的皇帝被降为元朝的臣子，最后成为吐蕃的佛门高僧，不可为不离奇；就居住的地方而言，他从景色如画的江南迁居北方的幽燕，又迁居到天高云淡的蒙古高原，最后长期定居在西藏境内，不可谓不罕见；从相处的民族而言，他出身汉族，后与蒙古族相处，最后与藏人生活在一起，不可谓不富于传奇色彩。恭帝一生的经历，在中国历代帝王中是绝无仅有的。但是，就他本身而言，坎坷的经历给他带来了不幸，然而，就历史作用而论，他却为增进汉、蒙、藏等族人民的文化交流做出了一定的贡献。

宋端宗赵昰拥有怎样的悲惨命运？

宋端宗，名赵昰（shì），宋度宗的长子，宋恭帝之兄。恭帝被元军掳往北方之后，陆秀夫等人拥立赵昰为帝。赵昰在位3

年，在元军追击中受惊而死，终年11岁，葬于永福陵（今广东省新会县南）。

赵昰，曾先后被封为吉王、益王。德祐二年（公元1276年），元军进逼临安时，赵昰由驸马都尉杨镇等护卫，出逃福建。欲对宋室斩草除根的伯颜派兵追赶，无功而返。三月，赵昰等人抵达福州。当得知临安沦陷，恭帝被掳往北方之后，陆秀夫、陈宜中、张世杰等人在福州拥立赵昰为帝，改年号为"景炎"。

端宗在位时，年仅8岁，朝臣陆秀夫等坚持抗元，力图恢复宋朝，但在元军的紧紧追击下，端宗只得在大将张世杰的护卫下登船入海，东逃西避，疲于奔命。左丞相陈宜中由于对大局绝望，远走占城（今越南境内）。

景炎三年（公元1278年）三月，端宗为躲避元将刘深的追逐，上船避入广州湾，一天夜间，坐船不慎被颠覆，端宗落入海中，后被左右救起，已经喝了一肚子的海水，而且就此起病，吓得好几天都说不出话来。由于元军追兵紧追不舍，端宗又不得不浮海逃往冈州（今广东省雷州湾），经此颠簸，他惊病交加，于四月病死。

南宋末帝赵昺是怎么死的？

赵昺（bǐng），在历史上一般被称为宋帝昺，又称少帝、幼主、末帝等。赵昺是南宋最后一位皇帝，是南宋第六位皇帝宋度宗赵禥的小儿子，前任皇帝宋端宗的亲弟弟，先后被封为永国公、信王以及广王等。

宋恭帝德祐二年（公元1276年），南宋首都临安被伯颜率

一本书知晓宋朝

领的元军占领，5岁的小皇帝宋恭帝和谢太后先后被俘。宋恭帝的两个异母兄弟益王赵昰和广王赵昺在国舅杨亮节、朝臣陆秀夫、张世杰、陈宜中和文天祥等人的护送下南逃。在金华，赵昰被封为天下兵马都元帅，赵昺为副元帅，晋升为卫王。公元1276年，刚满8岁的赵昰在福州即皇帝位，是为宋端宗，改元"景炎"。一心想对宋朝皇室斩草除根的元军统帅伯颜对宋端宗的南宋流亡小朝廷穷追不舍。景炎三年（公元1278年），宋端宗死去，陆秀夫在碙州（即今日香港大屿山，一说在广州）拥立赵昺为皇帝，改元"祥兴"，并逃往厓山避难。元朝命令宋朝叛将张弘范大举进攻厓山的赵昺小朝廷。事实上，当时的宋军还未到岸，一行人还在海上。宋军水师在张世杰的指挥下进行顽强抵抗，在崖门海域里与元军交战，史称"崖门战役"，这场战役关系到南宋流亡小朝廷的生死存亡。结果，宋军全军覆灭。公元1279年3月19日，丞相陆秀夫见大势已去，便背着这位刚满8岁的小皇帝赵昺跳海而死，南宋最后一位皇帝死去，赵宋王朝自此灭亡。

著名皇后篇

菁谷皇后謠

宋太祖皇后宋氏的命运如何？

宋太祖孝章皇后宋氏，号为"开宝皇后"，河南洛阳人，左卫上将军、忠武军节度使宋偓的长女，母亲为后汉永宁公主（后汉太祖刘知远之女）。宋偓是后唐庄宗的外孙，其生母为后唐义宁公主。在宋皇后之前，太祖皇帝已经有过两位皇后，即孝惠贺皇后和孝明王皇后。

宋氏出生于显贵之家，自幼出入宫廷，因而见多识广，进退有度。宋氏幼时随母入见，即为后周太祖郭威所喜爱，赐以冠帔。后乾德五年（公元967年），宋氏再一次随母进宫贺长春节，又蒙宋太祖垂青，再次赐以冠帔。孝明王皇后死后，中宫虚位，至开宝元年（公元968年）二月，宋氏被纳入宫为皇后，时年17岁，成为宋太祖继孝惠贺皇后、孝明王皇后之后的第三位皇后。

太祖比宋皇后大25岁，太祖元配所生长子赵德昭也比宋皇后要年长1岁，然而太祖与宋皇后夫妻相处却非常和洽。宋皇后性情柔顺好礼，不过她婚后未有生育，她在太祖仅存的两个儿子德昭和德芳中，似乎更为偏爱幼子德芳。由于德昭年纪比名义上的母亲还要大，宋后或许是为了回避这种尴尬，所以对他刻意保持距离，而对于小自己7岁的德芳，就不存在这种顾忌。

开宝九年（公元976年）十月十日夜，太祖暴崩，皇弟赵匡义嗣位为太宗，号宋皇后为"开宝皇后"，次年命她移居西宫。

雍熙四年（公元987年），太宗又命她移居东宫。至道元年（公元995年）四月，宋皇后去世，谥号曰"孝章皇后"，然而太宗却不为皇嫂成服，也不令群臣临丧，完全不合宋氏身为前朝皇后应享有的礼仪。于是翰林学士王禹偁对宾客说："皇后曾经母仪天下，应当遵用旧礼才对。"不料王禹偁竟然因此遭到贬黜。宋皇后死后，其梓宫（皇帝、皇后的棺材）迁于故燕国长公主（宋太祖妹）第，暂且葬于普济佛舍，既不与太祖合葬，神主亦不祔庙。至道三年（公元997年）正月，乃祔葬太祖永昌陵之北，命吏部侍郎李至撰哀册文，神主享于别庙。至太宗的玄孙神宗时，方升祔太庙（升祔是升入祖庙附祭于先祖的意思）。后世史家如李贽等据此痛责太宗，认为太宗的薄情之举与宋后在"烛影斧声"当夜的行动有关。

据司马光所言，宋皇后的初衷，是令秦王赵德芳入承大统，谁料王继恩竟然私召晋王赵匡义，出卖了宋皇后。宋皇后纵然既惊且怒，作为一个失去庇护的青年寡妇，无权无势，仓促之中只有称呼晋王为"官家"，承认既成事实。由此可见宋皇后之意本在赵德芳，而不在赵匡义。然而宋皇后身为一个青年寡妇，倘若果真如太宗继位后所称，兄终弟及是奉母亲杜太后之命，且有"金匮之盟"的誓书，那么宋皇后何以敢冒天下之大不韪而毁弃成约，改立他人？王继恩以为"太祖传位晋王之志素定"，既然如此，为何身为太祖的妻子，颇为敬重和了解他的宋皇后却竟然不知此事，反而是一名宦官知晓更深？宋

皇后为人，柔顺识大体，她怎么忍心在丈夫尸骨未寒时就拂逆他平生的意愿？凡此种种，再加上太祖的猝死，以及日后太宗对其兄长骨肉的猜忌迫害和对嫂嫂的凉薄，自然不能不使得后人怀疑太祖死因及太宗继位的合法性。

宋皇后在太祖死后的举动，与"金匮之盟"、"烛影斧声"一起，成为大宋宫闱的一宗迷案。然而终北宋一朝，太宗的后代占据皇位，而开国太祖的后代却短命飘零，宋皇后死后连基本的丧仪礼遇也得不到，真是可悲可叹。

宋太宗皇后李氏是怎样一位皇后？

明德皇后李氏，是宋太宗的第三位皇后（第一位皇后是淑德皇后尹氏，第二位皇后是懿德皇后符氏），潞州上党（今山西长治）人。李氏的父亲李处耘是宋朝的开国元勋。李氏公元984年被立为皇后，谥号"明德"。景德元年（公元1004年）三月十五日，李氏卒于万安宫，终年45岁，先是殡于沙台，三年后葬于永熙陵。

李氏是李处耘的二女儿。五代后周显德（公元954~961年）年间，李处耘在赵匡胤部下当都押衙，是"陈桥兵变"谋士之一。在宋初平定天下的战争中，李处耘立有大功。后因与主帅慕容延钊不和，遭到诽谤，贬为淄州（今山东省淄博市西南淄川）刺史。李处耘死后，太祖赵匡胤常常思念他。赵匡胤因感到有愧于这位功臣，于是到了开宝（公元969~976年）年间，太祖就为弟弟赵光义娶李处耘的二女儿为第二位夫人，即后

来的明德皇后。

李氏起初被聘为妃子，太平兴国二年（公元977年），赵光义将她迎入宫中，封为德妃，雍熙元年（公元984年）十二月立为皇后。

李氏因父亲身世不幸的缘故，进宫后，对赵光义的儿子及嫔妃非常宽厚，对那些遭遇坎坷的人也是常怀恻隐之心。赵光义的长子赵元佐，是个聪明英俊的少年，只因替叔叔赵廷美求过情，所以被父亲疏远，以致神志错乱，患上了癫狂症。李氏对赵元佐十分同情。太宗赵光义病死后，宣政使王继恩等人企图废除已被封为皇太子的赵恒，拥立赵元佐为帝，李氏向宰相吕端说："皇帝刚刚驾崩，按年龄的长幼拥立嗣君，这是顺天应人的事，你看如何？"吕端断然回答："先帝之所以设立皇太子，不正是为了今天吗？这是为了江山社稷，岂可再有异议？"李氏听后，觉得有理，深感立君大事不可感情用事，于是连连对吕端说："先帝曾经说过，宰相小事糊涂，大事不糊涂，关键时刻果然名不虚传，愿拥皇太子赵恒为帝。"由此可见，李氏在关键时刻，能够做到识大体、顾大局。

李氏曾生过一个儿子，但不幸夭折。宋真宗赵恒即位以后，尊李氏为皇太后，居住在西宫嘉庆殿。赵恒对李氏非常孝敬，专门为她建造了一座万安宫。李氏生病，赵恒亲手调剂药饵，升朝的时候也露出忧伤的神情。李氏病重，赵恒连说话都带有哭腔，屡次下诏悬重赏求请民间名医。景德元年（公元

1004年）三月十五日，李氏病逝于万安宫，终年43岁，谥号"明德"。

宋真宗章献皇后刘娥是怎样一个女人？

献明肃皇后，名刘娥，是宋真宗赵恒的皇后，也是宋朝第一位摄政的太后，功绩赫赫，常与汉之吕后、唐之武后并称，史书称其"有吕武之才，无吕武之恶"。

刘娥祖籍太原，生于宋太祖开宝元年（公元968年），祖父刘延庆在五代十国的后晋、后汉时期任右骁卫大将军（后晋高祖石敬瑭起兵于太原南，而后汉则建都太原），父亲刘通是宋太祖时的虎捷都指挥使，领嘉州（今四川乐山）刺史，因而刘家举家迁至成都华阳。据说刘娥出生时，母亲庞氏曾梦到明月入怀，醒来后便生下一女，取名刘娥。刘娥出生不久，刘通便奉命出征，不料死于战场上，由于刘通无子，家道中落，庞氏只好带着襁褓中的幼女寄居娘家。

不知是因为庞家穷困，还是刘通生前未敛财产，刘娥虽然身为刺史千金，读书识字，却学得一手击鼗（音táo，长柄的摇鼓，俗称"拨浪鼓"）的谋生技艺，善说鼓儿词。

刘娥十三四岁的时候，庞家就把她嫁给一名年轻的银匠龚美。刘娥嫁夫随夫，跟着龚美一起来到京城开封谋生。

龚美手艺出众，而且为人和善，善于结交朋友，尤其与在襄王府里当差的张耆交好。襄王即后来的宋真宗赵恒，此时他的名字还叫赵元侃，尚未被册封为太子。

一本书知晓宋朝

赵恒当时尚未婚配,听说蜀女才貌双全,便让随从去暗暗物色一名。刘娥随夫抛头露面击鼗挣钱,早有美名在外,为赵恒的随从们所知。龚美得知是襄王府选姬,不愿放弃,改称是刘娥的表哥,让刘娥进入王府。

刘娥天生丽质,聪明伶俐,与赵恒年貌相当,很快便如胶似漆。然而赵恒的乳母秦国夫人看不起刘娥的出身,认为刘娥会勾引赵恒走上邪路,于是劝赵恒将刘娥赶走,结果赵恒硬是不答应。秦国夫人只好报与宋太宗,太宗大怒,下旨驱逐刘娥出京,并为17岁的赵恒赐婚。此时赵恒被封为韩王,新娘为忠武军节度潘美的八女儿,16岁的潘氏受封为莒国夫人。

然而,赵恒虽迫于皇命把刘娥送出王府,却不愿离开刘娥,他把刘娥偷偷藏在王宫指挥使张耆家里,然后时常去私会。这样偷偷摸摸的日子,刘娥一过就是15年。

宋太宗至道三年三月癸巳日,59岁的宋太宗赵光义病逝,遗诏传位于已立为太子两年的赵恒。赵恒继承皇位,再也不用与刘娥偷偷来往了。

当年赵恒奉命娶的王妃潘氏,婚后6年便去世了,死时年仅22岁,无子。潘氏去世两年后,太宗又赐婚于郭氏,宣徽南院使郭守文的次女。年方17的郭氏初封鲁国夫人,不久又晋封秦国夫人。

赵恒于三月即位,五月册立郭氏为皇后,六月追封潘氏为庄怀皇后(后来儿子宋仁宗改为章怀皇后)。虽然后宫拥有三

千佳丽，赵恒却并未忘情于刘娥。赵恒很快把刘娥接进宫里。景德元年（公元1004年）正月，赵恒封刘娥为四品美人，正式成为后宫妃嫔的一位。此刻的刘娥，终于可以正大光明地和真宗在一起了。刘娥虽然已经36岁，可是她聪慧温柔，一直深得真宗的专宠，很快晋封为二品修仪，又封为一品德妃。

刘娥已非昔日击鼗的小妹，她长年幽居，博览群书，研习琴棋书画，早已才华出众。刘娥见举目无亲，便向真宗提出，愿让"表哥"龚美改姓为刘美，做自己的兄长，继承刘家香火。其实，龚美早已跟随真宗，一直忠心耿耿。刘美任官，既不阿附于权臣，而且对部属也关心备至，出任在外时他的随从兵卒，都按省籍定时轮换，从不培植自己的私人势力。

然而，景德初年，郭皇后的儿子赵佑夭折了，年仅9岁；半月后，另一名两月大的皇子也夭折了。真宗的五名皇子居然一个也没能活过10岁，此时的真宗已经年近四旬，为了以防万一，真宗养宗室之子于皇宫内。郭皇后前后生了三个儿子，只有赵佑能活到9岁，不想也不幸夭折，郭皇后因为伤心过度，一病不起。

景德（公元1007年）四年四月十六日，郭皇后病逝，享年31岁，谥号为庄穆皇后（后改章穆皇后）。真宗心里虽然很想立刘娥为后，但是刘娥既无子嗣又出身卑微，所以群臣们都不赞同，反而要求册立14岁的沈氏为皇后。沈才人虽然是大中祥符元年才入宫的，然而她出身高贵，是宰相沈伦的孙女。真

宗为此很不高兴，索性让皇后之位空缺，不谈立后之事。

然而刘娥虽然长年受宠，却始终无法怀孕。她身边的侍女李氏，突然一日梦到仙人下降为子，真宗和刘娥大喜，想出"借腹生子"的方法来。大中祥符二年（公元1010年）四月十四日，李氏生下一子，名赵受益（即后来的宋仁宗赵祯）。皇子虽然是李氏所生，却只会认刘娥为母。真宗早在孩子出生三月前，便已宣布刘娥怀孕，册封刘娥为修仪，与刘娥交好的杨才人则晋封婕妤。皇子虽然是刘娥的儿子，刘娥却没有亲自抚养，而是交给杨婕妤抚养。杨婕妤也是成都人，比刘娥小16岁，当时刘娥已经40多岁，精力自然不如20多岁的杨氏充沛，便让杨氏代行哺育之职。

然而，刘娥并未杀害赵受益真正的生母李氏，而是封李氏为崇阳县君。不久，李氏又生下一女，晋封才人，正式进入妃嫔行列。不幸的是，小公主很快夭折。李氏自认命薄无福，终其一生，都并未与儿子相认。

刘娥既已"生子"，真宗便诏告群臣，欲立其为后。然而不少高级官员都知道刘娥"生子"的真相，真宗无奈，立后之事再度被搁置。大中祥符五年（公元1012年）十一月，真宗晋封刘娥为德妃，并给百官加官进爵，册后礼仪一应从简，既不让官员进贺，也不搞封后仪式，封后诏书也回避朝臣公议，只下令将封后诏书传至中书省，自己家里宣布一下就完事。十二月丁亥，44岁的刘娥终于成为大宋王朝的皇后。

一本书知晓宋朝

　　身为皇后的刘娥，却不像其他妃嫔只知争宠，她才华超群，通晓古今书史，熟知政事，每每襄助真宗，真宗觉得日益离不开她。每日批阅奏章，刘皇后必侍随在旁。外出巡幸，也要带上刘娥。

　　虽然刘娥贵为皇后，朝中反对刘娥掌政的人也不少，以寇准和李迪为首。刘娥也开始笼络自己势力，以钱惟演和丁谓为首：钱惟演之妹为刘美之妻，丁谓的儿子娶了钱惟演的女儿。

　　天禧四年（公元1020年）二月，真宗患病，无法处理政事，上呈到皇帝那里的政务实际上都由皇后刘娥处理。后来，真宗更加病重，下诏："此后由皇太子赵祯在资善堂听政，皇后贤明，从旁辅助。"此诏书其实是认可了刘娥裁决政事的权力。

　　乾兴元年（公元1022年）二月甲寅，54岁的宋真宗病逝于延庆殿，遗诏曰："太子赵祯即位，皇后刘氏为皇太后，杨淑妃为皇太妃，军国重事由皇太后处分。"而小皇帝赵祯这时只有11岁，实际上就是由刘娥全权处理朝政。于是，刘娥开始和仁宗赵祯一起听政决事，正式垂帘。

　　刘娥自知出身卑微，宋朝以士大夫为尊，因此大力抬高母家，一直追尊加封祖宗：曾祖父刘维岳成了天平军节度使兼侍中兼中书令兼尚书令，曾祖母宋氏最后封到安国太夫人；祖父刘延庆为彰化军节度使兼中书令兼许国公，祖母元氏封齐国太夫人；父亲刘通为开府仪同三司魏王，母亲庞氏封晋国太夫人。

一本书知晓宋朝

刘娥号令严明,赏罚有度,虽然难免有些偏袒家人,但绝不纵容他们插手朝政。在大是大非面前,她更是尊重士大夫们的意见,王曾、张知白、吕夷简、鲁宗道都得到了她的重用,刘氏姻族也没有做出为害国家的祸事。

刘娥非常简朴,当初身为皇后时服饰简朴,当了太后依然未改习性。宫中侍女见皇帝侍女服饰华丽,觉得自己身为太后侍女,怎能被比下去呢?于是报与刘娥,刘娥却不为所动。

虽然刘娥掌权日久,不愿把权柄交给仁宗,但她却依然是个慈母,仁宗少时体弱多病,刘娥忙于政务,让杨淑妃照顾,仁宗称刘娥为"大娘娘",杨妃为"小娘娘"。

明道元年(公元1032年)二月,仁宗生母李氏患了重病,刘娥连忙派太医前去诊治,并晋封她为宸妃。然而李氏薄命,封妃当天,便病发身亡,享年46岁。起初,刘娥只想以普通宫嫔的身份殓葬了事,然而听了宰相吕夷简的劝说,刘娥以一品礼仪将李妃殡殓,在皇仪殿治丧,并给李妃穿上皇后冠服。李妃的父亲得以追封,兄弟李用和也得到晋升。

刘娥虽不愿还政于仁宗,却并未想过自立。程琳献图《武后临朝图》,刘娥亲手掷于地上,说:"我绝不会做这样的事!"

刘娥表态后,群臣如释重负,仁宗也心怀感激,恭孝唯谨,更于天圣七年(1029)九月颁布诏书,将太后生辰长宁节的仪礼升级到与皇帝生辰乾元节相同的程度。

明道二年(公元1033年)二月,举朝要行祭太庙大典,刘

娥自觉天命已不久,想要在生前穿一次天子衮冕(古代皇帝及上公的礼服),便提出自己要着衮冕祭祀太庙。群臣哗然,最后只得将皇帝衮衣上的饰物稍减了几样,呈了上去。

同年二月乙巳这天,皇太后刘娥穿着天子衮衣、头戴仪天冠,在近侍引导下步入太庙行祭典初献之礼。仪式结束后,刘娥在太庙文德殿接受了群臣给自己上的尊号:应天齐圣显功崇德慈仁保寿皇太后。自此,刘娥彻底还政于儿子仁宗。

三月,刘娥病重,仁宗大赦天下,四处征召名医,然而却仍然无法挽留刘娥的生命。数日之后,刘娥病逝于宝慈殿,享年65岁。

宋仁宗皇后曹氏有哪些作为?

宋仁宗皇后曹氏,邢台宁晋县东三十里延白村人,北宋枢密使曹彬的孙女、吴王曹玘的女儿。曹氏在明道二年(公元1033年)应诏入宫,被宋仁宗册封为皇后。

曹皇后出身将门,熟读经史,谦谨节俭。她亲自带领宫嫔们在苑内种植谷物,采桑养蚕。

公元1048年间正月,仁宗住在曹皇后宫中。到了半夜,一阵杂乱的响声将他们惊醒,仁宗打算出去看看发生了什么事。曹皇后劝他不可轻举妄动,免遭毒手。曹皇后把内监宫人集中起来,分别把守宫门,并亲手为每人剪下一绺头发,叛乱平息之后,以发为记,论功行赏。曹皇后临危不惧,应变有方,指挥若定,不愧为将门之后,仁宗对她大为佩服。

一本书知晓宋朝

仁宗生三子,都已夭折。后因急于生子,仁宗纵欲过度,身体衰弱。早些年,曹皇后将濮安懿王赵允让的第十三子赵宗实接进宫中抚养。当时宗实只有4岁,但始终没有被立为太子。公元1062年8月,31岁的赵宗实被立为皇太子,赐名曙。次年三月,仁宗驾崩。赵曙进宫即位,是为宋英宗,尊曹皇后为皇太后。

英宗即位不久生病,无法料理朝政。曹太后于内东门小殿垂帘听政。英宗病情好转后,曹太后即撤帘归政。

公元1067年,英宗病逝,其长子赵顼即位,是为宋神宗。神宗尊曹太后为太皇太后。神宗重用王安石变法,革除很多弊政。曹太后认为"祖宗法度不宜轻改",因此予以反对,但神宗没有采纳。公元1079年,苏轼以"乌台诗案"下狱,由于曹太后出面求情,苏东坡方才免于一死。同年冬,曹太后病逝,终年64岁,谥号为"慈圣光献皇后",葬于永昭陵。

宋英宗与皇后高氏的爱情为何被传为佳话?

宋英宗皇后高氏,曾祖是宋将高琼,她也是曹彬的外曾孙女(仁宗皇后曹氏,是宋大将曹彬的孙女)。公元1085年,高后的儿子宋神宗病危,群臣奏请高太后垂帘听政。神宗10岁的儿子赵煦继位,是为宋哲宗,因其年幼,高氏以太皇太后的身份垂帘听政。

宋英宗赵曙与皇后高氏是一对青梅竹马的恩爱夫妻。赵曙是濮安懿王的第十三子,仁宗赵祯的侄子,而高氏是曹后姐姐

的女儿,二人自幼被选入宫。当时宫中人都称赵曙为"官家儿",高氏则为"皇后女"。赵曙16岁时得娶高氏为妻,因仁宗皇子夭折,赵曙后来得以即位为帝,高氏也顺理成章地入主中宫。

　　赵曙与高氏婚后鹣鲽情深（jiān dié qíng shēn。鹣:比翼鸟。鲽:比目鱼。古代有一种鸟叫鹣鲽,雄有左翼,雌有右翼,比翼方能齐飞。此词常用于比喻感情深厚的夫妇）,高氏为他生下四子四女。皇帝所有的子女皆由皇后所出并不是常见的事,但对赵曙来说也不奇怪,因为他很可能没有妃嫔。在《宋史》、《长编》、《续资治通鉴》乃至其余宋代笔记里都没有他晋封妃嫔的记载。英宗治平年间,一向多病的赵曙身体好转,但高皇后仍不让他临幸宫人。曹太后觉得不妥,就让亲信悄悄劝高皇后:"官家即位已久,如今身体又已痊愈,怎么可以左右无一侍御者呢？"高皇后听后很不高兴,回答说:"去跟娘娘说,我嫁的是十三团练,又不是嫁他官家！"十三团练是指赵曙,他在濮王诸子中排行十三,仁宗在位时长辈皆唤他"十三",仁宗封他为团练使。

　　这段话后来传到宫外,成了士大夫们八卦的笑料,大概都觉得英宗乾纲不振,所以导致皇后如此强悍。赵曙虽然有点优柔寡断,却也是个有脾气的人,倔强起来也敢跟养母曹太后作对,他之所以能尊重高皇后到按她的意见不纳嫔御的地步,应该归功于那段青梅竹马的爱情。

　　遗憾的是,他们未能白头到老。赵曙仅做了4年的皇帝便

驾崩，撇下了当时 30 多岁的皇后高氏。但世事本来就是这样，如果一对帝后夫妇能彼此忠贞不渝相守一生，执子之手，与子偕老，那就不是历史，而是童话。

宋哲宗皇后孟氏因何两度被废又两度复位？

宋哲宗皇后孟氏，号元祐皇后，孟姓，故而又常被称为元佑孟皇后，洺州（约在今中国河北省永年县）人，是宋哲宗的第一位皇后。她两度被废又两度复位，并两次于国势危急之下被迫垂帘听政，经历之离奇，在中国历史上实为罕见。

孟氏出身世家，是曾任宋朝眉州防御使、马军都虞候、赠太尉孟元的孙女。宋哲宗幼年即帝位，后来逐渐长大，祖母高太皇太后替哲宗选了世家之女百余人入宫，孟氏是其中之一，当年孟氏仅有 16 岁。元祐七年（公元 1092 年），高太皇太后下懿旨（皇太后或皇后的诏令或指令称为懿旨），将孟氏封为皇后。

可惜好景不常，哲宗宠爱的是婕妤刘氏。绍圣三年（公元 1096 年），孟氏所生之女福庆公主重病，药石无效，孟氏的姐姐持道家治病符水入宫医治。由于符水之事一向是宫中禁忌，孟氏大惊失色，急忙命人将符水藏起来，等到哲宗到时，再一一说明原委。本来哲宗也认为这是人之常情，所以未加怪罪。不料公主病逝后，孟氏养母燕夫人等人为孟氏及公主祈福，此事正落人口实（指做了不周到的事，给人留下攻击的话柄），哲宗听说后也开始怀疑起来，命人调查此案。皇城司遂逮捕了

皇后左右侍女及宦官数十人，并将这些人严刑逼供。在酷刑之下，孟氏的罪名被罗织出来，她的皇后之位也旋即被废，出居瑶华宫，号"华阳教主"、"玉清妙静仙师"，法名"冲真"。

由于当时北宋新旧党争非常激烈，孟氏是支持旧党的高太皇太后与向太后所立，高太皇太后去世后不久，哲宗亲政，哲宗想极力摆脱这位祖母的阴影，因此转而支持新党，提拔新党的章惇做宰相，章惇也支持哲宗宠爱的刘婕妤，也有废孟氏后位之图，于是酿成了这件冤狱。

元符三年（公元1100年），哲宗病逝，端王赵佶继位，是为宋徽宗。旧党在向太后的支持下重新抬头，孟氏时来运转，很快被复位，因其封后于元祐年间，故被称为元祐皇后。

次年（公元1101年），向太后病逝。崇宁元年（公元1102年）又发生了元祐党人事件，徽宗重新任用新党蔡京等人，贬摘旧党（元祐党人），孟氏再次受到牵连，因此二度被废，重回瑶华宫，加赐"希微元通知和妙静仙师"之号，就这样过了20多年。

钦宗靖康初年，孟氏先因瑶华宫失火，移居延宁（níng）宫，后延宁宫又失火，出宫居住相国寺前之私宅。

靖康二年（公元1127年），金人攻陷汴京（今中国河南省开封市），徽、钦二帝被掳，史称"靖康之祸"。当时六宫有位号者全部随徽、钦二帝北迁，只有孟氏因被废而幸运地留在北宋故地。由于宋皇室唯一的漏网之鱼——康王赵构远在济州（今

中国山东省巨野县),于是被金人立为楚帝的张邦昌接受吕好问建议,迎接孟氏入居延福宫,上尊号为"宋太后"。但有人以这是张邦昌依宋太祖赵匡胤篡后周以后,尊后周的符太后为周太后,并迎入西宫居住的旧例,认为张邦昌仍有代宋自立的野心。后来大臣胡舜陟、马伸又上书,政事应取得太后的命令才能决定,张邦昌不得已,只好恢复孟氏元佑皇后的尊号,并请她垂帘听政。

之后,赵构在南京应天府(今中国河南省商丘市)即帝位,是为高宗,元佑皇后撤帘不再听政,并被尊为元佑太后。不久,因"元"字犯其祖父孟元的名讳,再改为隆佑太后。

由于汴京已不可守,孟氏遂随高宗南渡至杭州。建炎三年(公元1129年)发生苗傅、刘正彦兵变,高宗被迫退位,由年仅3岁的皇太子赵旉(fū)继位,因乱军所逼,孟氏再度垂帘听政。孟氏屈驾慰抚苗傅等人,并召韩世忠之妻梁红玉,勉令韩世忠速来勤王。后来,乱事平定,孟氏再度撤帘。

当初汴京城破,宋皇室几乎全数被俘北迁,孟氏与高宗是极少数幸免者,在绍兴十二年(公元1142年)高宗生母韦太后自金国放归以前,孟氏一直是当时宋室母仪的代表。高宗南渡不久,金人再度南侵,于是高宗乘船逃亡海上,孟氏则是向江西逃亡,金人一再追击,孟氏随行兵众溃散,甚至到了要以农人抬轿的窘境。高宗知道孟氏的处境后,立即派人将她迎到自己的行宫所在。

绍兴元年（公元1131年），孟氏去世，谥昭慈献烈皇后，葬于会稽县上皇村。绍兴三年（公元1133年）改谥昭慈圣献皇后。

宋徽宗皇后郑氏有哪些遭遇？

宋徽宗赵佶皇后郑氏，开封人，父亲郑绅，初为直省官，后来因为皇后的缘故，累封太师、乐平郡王。郑氏少年入宫，由于聪明伶俐，向太后总是让郑氏侍候端王赵佶，因此徽宗即位后，向太后就把郑氏赐给了徽宗。

郑氏儒雅秀丽，不仅能鉴赏徽宗的书画词章，而且能帮助他处理奏章，因此深得徽宗宠爱。徽宗也赏赐她一些诗画词作。公元1111年10月，郑氏被册封为皇后。虽然贵为一国之母，郑氏仍然克勤克俭，连皇后冠服都用贵妃服改制。当皇后期间，郑氏从来不干预政事，这也为日后她娘家带来了好处。金军攻破汴京掳人北返时，皇后到金营对元帅粘罕说："妾有罪，当随行北迁，但妾家属从不干预朝政，请元帅将他们留下！"粘罕答应了郑氏的请求，因此郑氏的父亲郑绅幸免于难。

公元1125年，金兵南下，进逼京城。徽宗将皇位传给太子赵桓，是为宋钦宗。钦宗尊徽宗为教主道君太上皇帝，郑皇后为道君太上皇后。不久，徽宗带着郑皇后避居镇江。第二年4月，金兵被李纲击退。同年12月，金军攻破汴京。金帝将徽宗、钦宗废为庶人。公元1127年3月底，金军将徽、钦二帝、郑

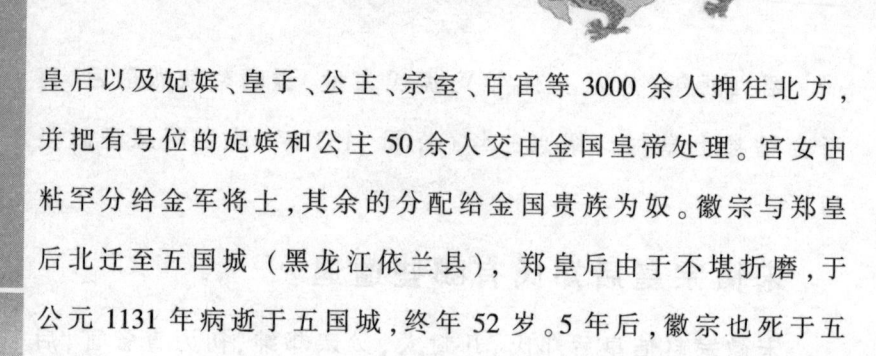

皇后以及妃嫔、皇子、公主、宗室、百官等3000余人押往北方，并把有号位的妃嫔和公主50余人交由金国皇帝处理。宫女由粘罕分给金军将士，其余的分配给金国贵族为奴。徽宗与郑皇后北迁至五国城（黑龙江依兰县），郑皇后由于不堪折磨，于公元1131年病逝于五国城，终年52岁。5年后，徽宗也死于五国城。公元1142年，徽宗与郑皇后的遗骸被运回南宋，两人合葬于永信陵。

为什么说宋钦宗皇后朱氏是一位命运悲惨的皇后？

宋钦宗皇后朱氏，名朱琏，开封祥符人，父亲朱伯材官至武康军节度使。朱氏于公元1125年被立为皇后，谥号"仁怀"。

宋钦宗皇后朱琏的遭遇可谓古今罕见，她是受尽了凌辱两度自杀而亡的。

北宋末年，金兵南侵，制造了中国历史上骇人听闻的靖康之难。他们不仅大肆掠夺金银财宝，还大规模索要北宋女子，并制定以北宋女子抵兑赔偿的无耻条约。《南征录汇》中明确记载了金兵这一罪恶的欲望："原定犒军费金一百万锭、银五百万，须于十日内轮解无阙。如不敷数，以帝姬、王妃一人准金一千锭，宗姬一人准金五百锭，族姬一人准金二百锭，宗妇一人准银五百锭，族妇一人准银二百锭，贵戚女一人准银一百锭，任听帅府选择。"显而易见，金人不仅要占有宋朝的国土和财物，还要占有宋朝的女人，来满足他们的占有欲。然而，

软弱无能的宋钦宗居然在上面画押同意了。

尽管当时宋朝已经把自己的妇女当货贱卖掉了，但宋徽宗还想保护皇家妇女。比如完颜宗翰的长子设也马看中宋徽宗的女儿富金帝姬，在一次宴会上，完颜宗翰要宋徽宗将富金帝姬送给设也马，宋徽宗不同意，理由是富金帝姬已经出嫁为蔡京的儿媳，不能不顾廉耻，再嫁二夫。完颜宗翰听后勃然大怒，严厉斥责宋徽宗。很难得，这次宋徽宗没有示弱，抗颜申辩："上有天，下有帝，人各有女媳。"结果被完颜宗翰呵斥出去。尽管宋徽宗的态度很强硬，但他终究是个失败者，无法改变他女儿的命运。金兵撤退途中，设也马迫不及待地公然以富金帝姬为妻，回到上京之后，更是得到金太宗的进一步诏许。如此形势，宋徽宗也只能是忍气吞声了。

后来金兵帅府下令让那些已经从属于金兵将士的妇女"改大金梳装"，不少北宋皇家妇女此时突然体现出了极大的气节，先后自尽，如信王妃自尽于青城寨，郓王姬王氏自尽于刘家寺。连金人自己都承认，"各寨妇女死亡相继"，其中包括16岁的仁福帝姬、贤福帝姬、保福帝姬。

其实她们反而是幸运的，一死了之没有再受后面的凌辱，而其他女人就没这么幸运了。靖康二年，即公元1127年，金兵将徽、钦二帝以及妃嫔、皇子、公主、宗室贵戚、大臣三千余人押送北方。这其中，妇女占了很大的比例，比较著名的有宋徽宗皇后郑氏、宋钦宗皇后朱氏、宋高宗生母韦氏、宋高宗发妻

邢氏。

这一大群俘虏北上时，正是农历四月，北方还很寒冷，宋徽宗、宋钦宗二帝和宋徽宗皇后郑氏、宋钦宗皇后朱氏衣服都非常单薄，晚上经常冻得睡不着觉，只得找些柴火、茅草燃烧取暖。女子成为俘虏，其中所受的屈辱是不言自明的。朱皇后当时年仅26岁，艳丽多姿，经常受到金兵的调戏。在北上的路上，朱皇后还被强迫给金军唱歌助兴，数次面临被侮辱的危险。一次，一个叫骨碌都的金兵调戏她，吓得她心腹疼痛，这个无耻的骨碌都竟然上去用手摸她的肚子说："病好了，病好了吧！"可惜这些曾经显赫一时的贵族女人，绝大多数没有自杀的勇气，为了苟且偷生，宁可逆来顺受，忍受各种各样的侮辱。

不过好歹朱氏还是皇后，对其余妃嫔，金兵根本不客气，宋钦宗的曹才人就直接被金兵奸污后自杀。当她们抵达金朝上都以后，宋徽宗的郑皇后、宋钦宗的朱皇后被换上女真服装，上千名妇女被赐给金人，另有三百人留住洗衣院。这些妇女都被迫入乡随俗，"露上体，披羊裘"。朱皇后因不堪其辱，回屋后随即自缢，被救后又投水自尽。一位堂堂的大宋皇后就这样香消玉殒了！

为什么说宋高宗皇后吴氏是中国历史上唯一一位修成金婚的皇后？

高宗赵构的皇后吴氏，14岁时（公元1128年）被选入宫，

侍奉高宗赵构。高宗即位之初，外受金兵追击，内部又时常发生兵变，吴氏身穿戎装，跟随高宗左右、英姿飒爽，颇有胆略。金兵南征，高宗乘船入海，从定海（浙江镇海）转赴昌国（浙江普陀）途中，封吴氏为和义郡夫人。回到越州又进封才人。此后，吴氏博览书史，勤习翰墨，很快进为贵妃。

吴氏非常贤惠，韦太后从金国还朝后，吴氏对她孝顺有佳，亲自伺候起居，恪尽一个儿媳的孝道。吴贵妃侍奉太后起居。人心都是肉长的，何况吃了那么多年苦的韦太后突然见到这么一个乖巧的儿媳，心里自然非常欣慰不已。经过韦太后的一番劝说，赵构终于于公元1143年正式册立吴氏为皇后。

高宗唯一的儿子病死后，后宫再无生育。张贤妃收养宗室赵伯琮为养子。吴皇后为才人时，也收宗室赵璩为养子。张贤妃病逝，伯琮也由吴皇后一并收养。高宗分别封赵伯琮、赵璩为普安郡王、恩平郡王。伯琮恭俭勤敏，聪慧好学，可当大任，于是吴皇后劝高宗立伯琮为皇太子。于是高宗立伯琮为皇太子，改名为赵昚。

公元1162年，高宗禅位于赵昚，是为宋孝宗。孝宗尊吴皇后为寿圣太上皇后。公元1194年，孝宗死，光宗即位，光宗又尊吴太后为太皇太后。光宗因病退位，立皇子嘉王赵扩为帝，是为宁宗。

吴太后一生，历经高、孝、光、宁四朝，居后位（含太后）长达55年，是历史上在后位最长的皇后之一。

高宗赵构退位后身体一直硬朗，一直活到公元1187年才去世。从1128年入洞房，到1187年赵构病死，吴氏与赵构稳稳携手走完了一个金婚（欧洲风俗指结婚50周年）又9年，这不能不说是中国皇室婚姻史上的一个奇迹。

公元1197年，在寡居10年之后，吴太后病逝，终年83岁，谥号为"宪圣慈烈皇后"，葬于永思陵。

宋光宗皇后李氏为什么被称为"南宋妒后"？

宋光宗皇后李氏，出身武将之家。据说她出生时，其父李道的军营前有黑凤栖息，遂为她起名"凤娘"。李氏十几岁时，一个擅长相面之术的道士皇甫坦到李府作客，李道命女儿出来拜见，皇甫坦故作惊惶之状，不敢接受，说："令嫒将来必贵为天下之母，怎敢受她的拜礼呢！"绍兴末年，皇甫坦受到高宗的召见，他鼎力举荐李氏，说："臣为陛下做媒来了，为陛下寻得个孙媳妇。"接着把李氏出生时的故事说得天花乱坠，高宗信以为真，遂聘李氏为恭王赵惇之妃。

在做恭王妃期间，李氏尚能安分守己。恭王被立为太子后，太子妃李氏开始暴露出她骄横蛮悍、无事生非的本性。她不断在高宗、孝宗、太子三宫之间搬弄是非，到高宗那里埋怨孝宗为太子选的左右侍臣不好，在孝宗面前又诉说太子的长短。高宗这才后悔不已，在与吴皇后的谈话中，他认为自己受了皇甫坦的蒙骗而撮合了这门亲事。

孝宗对李氏的做法也非常反感，屡屡训斥她说："你应该

学太上皇后的后妃之德，若再插手太子事务，朕宁可废掉你！"然而，孝宗的劝诫不但没有起到震慑作用，反而在李氏心中播下了怨恨的种子。淳熙末年，孝宗召集宰执大臣，表示自己欲行内禅之举，大臣们都交口赞同，只有知枢密院事黄洽不发一语，孝宗问他："卿意如何？"黄洽回奏道："太子可负大任，但李氏不足以母仪天下，望陛下三思。"尽管孝宗对太子妃有所不满，但如此直言不讳，令孝宗难以接受，毕竟李氏是自己的儿媳。黄洽接着奏道："陛下问臣，臣不敢不言。他日陛下想起臣的这番话，再想见臣恐怕是难有机会了。"退朝后，黄洽即请求辞职。此时，孝宗认为李氏虽然刁蛮骄横，但还不至于祸乱朝政，凌驾于皇帝之上，但事实却不幸被黄洽言中。

光宗即位，李氏成为皇后，更加肆无忌惮。面对强悍的妻子，懦弱的光宗既惧怕又无可奈何。一次，光宗洗手时见端着盥盆的宫女双手细白，禁不住喜形于色，不料被李皇后看在眼里。几天后，李后派人送来一具食盒，光宗打开一看，里面装的竟是上次那个端盆宫女的双手。一个宫女因为手白而得到光宗的好感，李氏尚且不能容忍，对于光宗宠爱的妃嫔，她更是必欲除之而后快。光宗还在东宫之时，高宗曾赐给他一名侍姬黄氏，光宗即位后封黄氏为贵妃。黄氏倍受光宗宠爱，李后自然妒火中烧，她趁光宗出宫祭祀之机，杀死黄贵妃，然后派人告诉光宗说黄贵妃"暴死"。光宗明知是李后下的毒手，但惊骇伤心之余，除了哭泣，连质问皇后的勇气都没有。除此之

外，光宗的另两位妃子张贵妃、符婕妤两人，也因李后嫉妒而被下令改嫁平民，相比惨死的黄贵妃，她俩可算是幸运多了。

次日，光宗强打精神，主持祭祀天地的大礼。仪式进行过程中，突然狂风大起，大雨倾盆而下，祭坛上的灯烛也燃起大火，祭祀被迫中断。接连两次精神上遭受到如此大的刺激，光宗的"心疾"加重，精神疾病彻底发作了。

当然，李凤娘的所作所为，已为太上皇的孝宗与太上皇后谢氏也早就留意到了。谢氏为皇后时，对太上皇高宗和吴太后孝顺有礼，恭敬非常；而李氏一向对孝宗夫妇傲慢无礼，一次，孝宗皇后谢氏好言规劝她注意礼仪，她竟恼羞成怒，反驳道："我是官家的结发夫妻！"言外之意是讥讽谢氏由嫔妃册为中宫，在场的孝宗闻此勃然大怒。以前他说废黜还只是想警告一下李氏，希望其有所收敛，但经过此事以后，他真的有此打算了。他召来老臣史浩，私下商议废后之事，但史浩认为光宗初立，此举会引起天下议论，不利于政局稳定，执意不从，废后之事只得不了了之。

李凤娘不仅和太上皇关系弄得不大愉快，她还几次离间孝宗与光宗父子之间的感情。光宗最初即位之时，没立嫡长子赵扩为皇太子，这让李凤娘心里忐忑不安。一次，她趁刚刚病愈的光宗在宴席上醉酒时，请求光宗立已封为嘉王的赵扩为皇太子，以帮助光宗处理政务。光宗也觉得挺有道理的，但他

坚持请示父亲孝宗再行册立。但是李凤娘不听，愤然而去，而且不许孝宗等人面见光宗。几天后孝宗没能见着儿子，便把李凤娘召来，询问皇帝的病况，李凤娘便借口光宗多病，要求立嘉王赵扩为皇太子以辅政。但孝宗认为光宗才即位不久，连政事也没熟习，却把政务都委托于儿子，实在于理不合，因而否决了过早立太子的建议。李凤娘觉得孝宗处处针对自己，于是回宫向光宗哭诉说孝宗不想立太子必定另有企图，光宗被蒙在鼓里，以为孝宗别有用心，于是气恼交加，决定以后不再朝见孝宗。

绍熙五年，孝宗得病，光宗竟一次也没有过宫探视。亲生儿子冷落自己到这种地步，孝宗心中充满了失望、抑郁与悲伤，病情急转直下。五月，孝宗病重，太学生们听说光宗此时竟然还在后宫玩乐，便写了一篇《拟行乐表》，其中两句说"周公欺我，愿焚《酒诰》于康衢；孔子空言，请束《孝经》于高阁"，辛辣地讽刺了光宗的不孝无德。

与此同时，群臣因光宗不从劝谏，纷纷上疏自求罢黜，居家待罪，光宗统统下诏不许。丞相留正等大臣再三恳请光宗过宫探视孝宗病情，光宗不听，拂衣而去。群臣只得恸哭而退。

六月，孝宗驾崩，光宗仍然不顾百官奏请，连丧事也不肯主持。实际上，光宗内心深处仍然畏惧着孝宗，他不相信孝宗已死，认为这是一个篡夺自己皇位的圈套。他不仅安居深宫，宴饮如故，不为孝宗服丧，而且时刻担心遭人暗算。然而，正

一本书知晓宋朝

在这位不孝的皇帝终日提防自己父亲之际，他却万万没有料到，皇位已经被自己的儿子悄悄地取代。

光宗的病情时好时坏，无法正常处理朝政，这正中李氏下怀。从绍熙三年开始，"政事多决于后"，大权旁落于李氏之手。然而，她既无兴趣也无能力参决朝廷大政，权力对她而言，最大的作用就是可以为娘家大捞好处。她封娘家三代为王，侄子孝友、孝纯官拜节度使，一次归谒家庙就推恩亲属26人，172人授为使臣，下至李家门客，都奏补得官。李氏外戚恩荫之滥，是南宋建立以来所没有的。李氏家庙也明目张胆地僭越规制，守护的卫兵居然比太庙还多。李后一门获得的显赫权势、巨额财富，无疑都是其患病的丈夫光宗所赐。随着光宗病情的恶化，政局也开始动荡不安，诸臣再也无法容忍这个"疯子皇帝"。

绍熙五年（公元1194年）七月，嘉王赵扩在太皇太后的支持和大臣赵汝愚、韩侂（tuō）胄等人的拥立下即位，是为宋宁宗。李氏自然也一道被遗弃，无论她如何泼悍，终归无济于事。

当初皇甫坦一番故弄玄虚之言，让李氏母仪天下，从此她对术士之言深信不疑。一旦她成了宫廷斗争的失败者，命运已经很难掌握在自己的手中，更需要各种术士"指点迷津"。她听术士说自己将有厄难，便在大内僻静之处辟了一间精室，独自居住，道妆事佛，以求神灵保佑自己平安度过难关。然而，

平日作恶多端的李氏并未因此而心安理得，反而受到了更大的精神折磨。庆元六年（公元1200年），李氏在精室中染病。七月，这位昔日泼辣刁蛮而又工于心计的李后孤寂地死去，终年56岁。不久，宋光宗也病死。

宋宁宗皇后杨氏是如何凭借智慧登上皇后宝座的？

宋宁宗皇后杨氏，原名杨桂枝。据《宋史》、《历代妇女著作考》、《绍兴县志》、《绍兴市志》等史料记载，杨皇后是一位仪态端庄、知识渊博、聪慧机警、善诗能书、倾国倾城的杰出女性。

宋宁宗赵扩先后有两位皇后，第一任皇后韩氏是北宋权臣韩侂（tuō）胄（zhòu）的侄孙女。最初，韩氏与姐姐一起被选入宫中，但并非做嫔妃，而是专门伺候太皇太后吴氏（宋高宗皇后）。韩氏善解人意，深得吴太后喜爱，吴太后为了她的前途着想，将她赐给了当时还是嘉王的赵扩。韩氏出身名门，加上是吴太后所赐，身份自然格外不同，一到赵扩府邸就被封为新安郡夫人，后来又晋封为崇国夫人。赵扩当上皇帝以后，韩氏也跟着水涨船高，进封为皇后。不过，韩氏的富贵并不长久，她只当了六年皇后，便因病死去。正因为韩氏死得太早，中宫虚位，才使得以工于心计闻名的杨氏得以封后。此后，杨氏走上南宋的政治舞台，直接导致了南宋局势的急剧衰微。

杨氏出身低微，其父亲姓氏不见于正史。据说最初她是跟

一本书知晓宋朝

随母亲张氏入隶德寿,充当宫乐部的女优(大概相当于现在的戏剧演员)。杨氏不但美艳出众,而且才华出众,善于诗词歌赋。

不久,杨氏便引起了太皇太后吴氏的注意,于是成为吴太后的侍女。杨氏举止得体,善于应对,吴太后对她格外另眼相看,甚至由此招来了宫女们的嫉妒。有一次,吴太后沐浴,宫女们故意撺掇杨氏试穿吴太后的衣服,说她穿上一定会很好看。虚荣心十足的杨氏经不起怂恿,竟然真的去试穿吴太后的衣服,结果被宫女们在吴太后面前告了一状,说她有僭越行为,意图不轨。岂料,吴太后非但没有怪罪杨氏,还斥责捉弄杨氏的宫女说:"你们用不着大惊小怪,也许她(指杨氏)将来就会穿上这身衣服,拥有我这样的地位。"

当时,嘉王赵扩经常到吴太后宫中请安。杨氏姿容美丽,楚楚动人,很快就引起了赵扩的注意。杨氏聪颖机敏,也经常与赵扩眉目传情。但由于杨氏是吴太后的女优,年纪也比赵扩大得多,所以赵扩开始并不敢有任何幻想。然而赵扩当上皇帝后,依旧念念不忘杨氏,经常借故亲近,杨氏因此而得幸。

吴太后知道后,非常不高兴,打算惩罚杨氏。吴太后身边的宦官想借机讨好新皇帝,便劝道:"娘娘,连天下都给了孙子(指吴太后下诏让赵扩即位一事),一个女子又何足惜?再说这种事情关系到皇家体面,千万不能让外人知道。"还有人劝道:"娘娘还没有抱上玄孙,看杨氏的面相,宜生子嗣。"吴

太后这才怒气稍息,后来干脆将杨氏大方地赐给了宋宁宗,还叮嘱宁宗道:"看我面上,好生待她。"

宋宁宗喜出望外,此后对杨氏恩宠有加,累进婕妤、婉仪,一直到贵妃,已经是仅此于皇后的封号。杨氏比宋宁宗年长六岁,宋宁宗对她不仅非常宠爱,而且有一种依赖。杨氏不同于后宫中的其他嫔妃,她城府深远,工于心计,想在政治舞台上一展身手。不过,由于她家族衰落,没有亲人,于是便冒认同籍贯的杨次山为兄长,想以杨次山来作为在宫外的帮手和耳目。

就在杨氏封贵妃的这一年,韩皇后病死。此时,后宫中受宠的后妃除了杨贵妃,还有一位曹美人。新皇后的人选基本上不出这两位,后宫中由此展开激烈的明争暗斗。重臣韩侂胄因为韩皇后突然去世而失去了在后宫的靠山,因此需要在后宫物色新的盟友,他感觉杨贵妃工于心计,精于权术,而曹美人性情柔顺,便于控制,于是力主宋宁宗立曹美人为皇后。但宋宁宗内心深处更偏爱杨贵妃,所以一时犹豫不决。

杨贵妃得知韩侂胄阻挠自己立后,恨韩侂胄入骨,为了争得皇后之位,她精心策划了一场先退后进的把戏。这一年冬天,杨氏对曹美人说:"中宫的位置不外是你我姐妹二人,但官家还没有作出决定,我们姐妹不妨各自设席,请官家赴宴,问问他到底是什么意思?"曹美人便答应了。杨妃又故意表示愿意让曹美人先设席,自己甘愿在后。曹美人不知是计,心中

一本书知晓宋朝

暗暗高兴。宋宁宗先到曹美人处饮酒，喝到酒酣处，曹美人正想求皇后位，杨贵妃便赶了过来，借故将宋宁宗接回自己的住处。而此时，宋宁宗已经喝得半醉，见到杨贵妃娇媚可人，便要求欢。杨贵妃早有准备，拿出纸笔，请求宋宁宗册立自己为皇后。宋宁宗便在醉意中写下了册立杨氏为皇后的诏书。依照惯例，封后诏书要发给有关大臣，工于心计、深谋远虑的杨氏担心韩侂胄将册封的诏书驳还，于是又让宋宁宗写了一道一模一样的诏书，派心腹将诏书连夜送出宫外。

次日清晨，百官入朝，杨氏冒认的兄长杨次山匆匆上殿，从袖中取出昨夜宋宁宗写的诏书，当众宣布宋宁宗册封杨氏为皇后。韩侂胄得知消息后，即便是想不同意也无济于事了。这一年，杨氏41岁，她终于如愿以偿，凭借自己的聪明才智登上了皇后的宝座。

文臣武将篇

文艺科学丛书

赵普是如何登上宰相之位的？

赵普，字则平，北宋政治家、军事谋略家。后梁龙德二年（公元922年）生于幽州蓟州（今北京城西南）。

后唐末年，赵普的父亲赵迥举族迁居常山（镇州郡名，今河北正定）；后晋天福七年（公元942年），赵迥又举家迁居洛阳并长期定居，由于原籍已属契丹境，所以赵普家族以后便自称"今为常山人"。

赵普智谋多，读书少，有"半部《论语》治天下"之说。赵普青少年时期也曾读书，但没有什么学识，科举之途无望，遂步父、祖后尘投充州、镇为僚属。后周广顺元年（公元951年）六月范质任宰相以后，赵普初任陇州巡官。后周显德元年（公元954年）七月，刘词任永兴军节度使、行京兆尹，赵普被辟为从事，与楚昭辅、王仁赡同事。次年十二月刘词死，虽然刘词在遗表中向朝廷推举过赵普，但赵普并没有被朝廷任用，此后，赵普以在滁州教蒙童为生。

显德三年，后周世宗柴荣攻打南唐的淮南。此次世宗亲征，将很多文武大臣带在身边，宰相范质也在从征之列。周世宗用兵淮上，赵匡胤攻克滁州。范质素闻赵普很有智谋，于是向世宗推荐赵普为军事判官。

赵普与赵匡胤的初次相见在滁州，赵普从此便与赵匡胤结识。赵匡胤的父亲赵弘殷当时也领兵在淮南作战，生病于滁州，赵普不仅朝夕侍奉，还和赵匡胤父子攀附为同宗。不久，

一本书知晓宋朝

后周退兵，滁州复归南唐，赵普调任渭州（今甘肃平凉）军事判官。同年，赵匡胤升任殿前都指挥使，随后又兼领匡国军节（同州，今陕西大荔）节度使，辟（指君主招来，授予官职）赵普为节度推官，赵普从此投入赵匡胤的幕府。显德四年（公元957年），赵匡胤改领义成军（滑州，今河南滑县东）节度使，次年又改领忠武军（许州，今许昌）节度使，赵普一直留在赵匡胤的幕府，原刘词的幕僚楚昭辅、王仁赡也先后投入赵匡胤幕府，都成为赵匡胤的心腹。显德六年六月，赵匡胤升任殿前都点检。同月，世宗病逝，年仅7岁的柴宗训即位，为赵匡胤篡夺皇位提供了良机。七月，赵匡胤改领归德军节度使，赵普升任节度掌书记。

显德七年（宋建隆元年，公元960年）正月元旦，在赵匡胤的精心谋划下，指使人谎报辽军入侵，后周宰相范质等在慌乱之中来不及细查真伪，立即命赵匡胤率禁军北上抵御。赵匡胤于初三日当晚到达在当时黄河南的陈桥驿，与赵匡胤同行的还有他弟弟赵匡义和亲信谋士赵普。

晚上，赵匡胤下令将士扎营休息。一些将领聚集在一起，悄悄商量。有人说："现在皇上年纪那么小，我们拼死拼活去打仗，将来有谁知道我们的功劳，倒不如现在就拥立赵点检为皇帝！"大家都很赞同这个意见，于是推举一人将这个意见先告诉了赵匡义和赵普。

赵匡义和赵普听了，非常高兴，一方面叮嘱大家一定要稳定军心，另一方面赶快派赵匡胤的亲信郭延斌秘密回返京城，

通知留守在京城的大将石守信和王审琦管好京城内外的大门。

次日清晨,赵匡胤一觉醒来,只听见外面一片喧哗。接着,有几个人将早已准备好的一件黄袍,七手八脚地披在赵匡胤身上,并且跪在地上磕了几个头,高呼"万岁"。"陈桥兵变"成功,赵匡胤顺利地夺取后周政权,建立宋朝。

为稳定局势,也因为赵匡胤幕僚们原来的官职太低,宋朝建立后只得仍留用范质、王溥、魏仁浦为宰相,吴廷祚为枢密使。在随后升迁的霸府幕僚中,位列第二的赵普为右谏议大夫、枢密直学士,参与掌握枢密院的军事大权。同年八月,赵普升任兵部侍郎、枢密副使。

宋太祖自建立宋朝以来,最关心的是如何避免继后周而成为第六个短命王朝。在赵普的建议下,太祖"杯酒释兵权",对名望日高的石守信等军事将领,采取收其兵权的方针,以避免可能出现的的"兵变",并逐步收到了预期的效果,赵普也因此备受信任和重用。

建隆三年(公元962年),留用的枢密使吴廷祚首先被罢职出为节度使,赵普接任枢密使。乾德二年(公元964年)正月,范质、王溥、魏仁浦在同一日被罢黜相位。不久,太祖任命赵普为新的宰相。

淳化(宋太宗的年号)三年(公元992年)七月十四日,赵普病逝,终年71岁,追封真定王,谥忠献。

一本书知晓宋朝

杨业为大宋朝立下了哪些战功？

杨业，本名重贵，又名继业，麟州新秦（今陕西神木北）人，宋朝名将、军事家。

杨业的父亲杨信，后汉时，"自为刺史"，臣附于后汉、后周。杨信有二子，长子重贵，次子重训。杨重贵事北汉世祖刘崇，北汉帝刘承钧时赐姓刘改名继业。这位名震关内外的名将，从小就擅长骑射，爱好打猎，武艺高强，20多岁便入仕太原的北汉政权，受到北汉皇帝的信任和重用。

宋太祖赵匡胤花了13年工夫，灭了南方五国，接着，就出兵攻打北汉都城太原。北汉请辽朝出兵援助，宋军吃了败仗。不久，宋太祖也得病死去，他的弟弟赵匡义继承皇位，是为宋太宗。杨业曾向北汉皇帝提出了"奉国归宋"的建议，遭到反对。但杨业并未变心投宋，而是舍命保卫北汉政权。

宋太宗决心完成统一北方的事业，公元979年，太宗亲自率领四路大军围攻北汉都城太原。辽军又来援助，宋太宗派兵截断援兵要道。太原城在宋军重重包围之中，外无援兵，内无粮草。北汉国主刘继元无计可施，只好投降。北汉战败以后，杨业仍在城南与宋军苦战。宋太宗早就听说杨继业是一员勇将，便派北汉亡国皇帝的亲信前去劝降。见到皇帝派来的劝降使者，杨继业悲愤地大哭了一场，随后便投降了宋朝。

宋太宗灭了北汉，想乘胜攻打辽国，收复北方失地。宋军攻势凌厉，北方有几个州的辽国守将纷纷投降。宋军一直打到

幽州（今北京市）。后来，辽国派大将耶律休哥救援。双方在高梁河（今北京市城西）大战，宋兵大败，宋太宗乘坐一辆驴车，仓皇逃回东京。

自此以后，辽军不断袭击宋朝边境。宋太宗十分担心，就派杨业为代州刺史，扼守雁门关。

公元980年，辽国派了十万大军攻打雁门关。那时候，杨业手下只有几千人马，兵力相差悬殊。杨业是个有经验的老将，知道靠硬拼是不行的，于是将大部分人马留在代州，自己带领几百名骑兵，悄悄地从小路绕到雁门关北面敌人后方。

辽兵向南进军，一路上没遇到抵抗，正在得意。忽然，后面响起一片喊杀声，只见烟尘滚滚，一支骑兵从背后杀来，像猛虎冲进羊群一样，乱砍猛杀。辽兵猝不及防，又弄不清后面来了多少人马，所以心惊胆战，阵容大乱，纷纷向北逃窜。杨业带兵追赶上去，杀伤大批辽兵，还杀死了一名辽国贵族，生擒了一员辽将。

雁门关大捷以后，杨业威名远扬。辽兵一看到"杨"字旗号，就吓得不敢交锋。因此人们给杨业起了个外号，叫做"杨无敌"。

杨业立下大功，也引起一些边防将领的妒忌。有人给宋太宗上奏章，横说竖讲杨业的坏话。宋太宗正在依靠杨业，所以没有理睬那些诬告，把那些奏章封好了，派人送给杨业。杨业见宋太宗这样信任他，自然非常感动。

过了几年，辽景宗耶律贤去世，即位的辽圣宗耶律隆绪才

一本书知晓宋朝

12岁,由他的母亲萧太后执政。有个边将向宋太宗上奏章,认为辽朝政局变动,正好乘此机会收复燕云十六州失地。宋太宗接受了这个建议。公元986年,宋太宗派出曹彬、田重进、潘美率领三路大军北伐,并且派杨业做潘美的副将。

三路大军分路进攻,旗开得胜。潘美、杨业的一路人马出了雁门关,很快就收复了四个州。但是曹彬率领的主力由于孤军深入,后来被辽军杀得大败。宋太宗赶快命令各路宋军撤退。

潘美、杨业接到命令,就领兵掩护四个州的百姓撤退到狼牙村。当时,辽军已经占领了寰州(今山西朔县东),兵势很猛。杨业建议派兵佯攻,吸引住辽军主力,并且派精兵埋伏在退路的要道,掩护军民撤退。

监军王侁反对杨业的意见,说:"我们带了几万精兵,还怕他们?我看我们只管沿着雁门大路,大张旗鼓地行军,也好让敌人见了害怕。"

杨业说:"现在敌强我弱,这样做一定要失败。"

王侁带着嘲笑的口吻说:"杨将军不是号称无敌吗?现在在敌人面前畏缩不战,是不是另有打算?"

这一句话将杨业激怒了。他说:"我并不是怕死,只是看到现在时机不利,怕让兵士们白白丧命。你们一定要打,我可以打头阵。"

主将潘美也支持王侁的主张。杨业无可奈何,只好带领手下人马出发了。临走的时候,他流着眼泪对潘美说:"这个仗

肯定要失败。我本来想看准时机，痛击敌人，报答国家。现在大家责备我避敌，我不得不先死。"

接着，他指着前面的陈家峪（今山西朔县南）对潘美说："希望你们在这个谷口两侧，埋伏好步兵和弓弩手。我兵败之后，退到这里，你们带兵接应，两面夹击，或许还有转败为胜的机会。"

杨业出兵没有多远，果然遭到辽军的伏击。杨业虽然英勇，但是辽兵像潮水一样涌上来。杨业拼杀了一阵，抵挡不住，只好一边打一边后退，将辽军引向陈家峪。

到了陈家峪，正是太阳下山之际。杨业退到谷口，只见两边静悄悄的，连一个宋军的影子都没有。潘美带领的主力到哪儿去了呢？原来杨业走了以后，潘美也曾经把人马带到陈家峪。等了一天，听不到杨业的消息，王侁认为一定是辽兵退了。他唯恐让杨业抢了头功，于是催促潘美把伏兵撤去，离开了陈家峪；等到他们听到杨业兵败，又往另外一条小道逃跑了。

杨业见约定的地点没人接应，气得直跺脚，只好带领部下转身与追上来的辽兵展开殊死搏斗，兵士们个个奋勇抵抗。但是辽军越来越多，到了最后，杨业身边只剩下一百多个兵士。杨业含着泪，高声向兵士说："你们都有自己的父母家小，不要跟我一起死在这里，赶快突围出去，也好让朝廷得知我们的情况。"

兵士们听了这些话，再看看杨业浴血奋战的情景，感动得

一本书知晓宋朝

都流下热泪，没有一个愿意离开杨业。最后，兵士都战死了，杨业的儿子杨延玉和部将王贵也牺牲了。杨业身上受了十几处伤，浑身是血，还来回冲杀，杀伤了几百名敌人。不料一支箭飞来，正射中他的战马，马倒在地下，将他摔了下来。辽兵乘机围了上来，将他俘虏了。

杨业被俘以后，辽将劝他投降。他抬起头叹了口气说："我杨业本来想消灭敌人，报答国家。没想到被奸臣陷害，落得全军覆没。哪还有脸活在世上呢？"他在辽营里，绝食了三天三夜，最后牺牲了。

杨业战死的消息传来，朝廷上下都为他哀痛叹息。宋太宗丧失了一名勇将，自然也感到难过，把潘美降职处分，王侁革职查办。

杨业死后，他的后代继承他未竟的事业，儿子杨延昭、孙子杨文广在保卫宋朝边境的战争中都屡立战功。他们一家的英勇事迹受到世人的传颂和赞美，并被改编成《杨家将》，在民间广为流传。

历史上的佘太君是怎样一个人？

佘太君，名赛花，原姓折，后改为佘。和其他传说中的杨门女将不同，历史上确有其人。佘赛花的曾祖父曾任后唐麟州（今陕西神木县北十里）刺史，隶属李克用；祖父折从远，公元930年后唐明宗授他为府州（今陕西府谷县）刺史；父亲折德扆（yǐ），后汉隐帝特任府州团练使。

一本书知晓宋朝

佘赛花，封号太君，生于后唐清泰年间（公元934年），后汉乾祐二年（公元949年）与杨业成婚，卒于宋大中祥符三年（公元1010年），享年77岁。

佘太君生长在一个爱国名将的家庭里，自幼受到父兄武略的影响，青年时候就已经成为一名性机敏、善骑射，文武双全的女将。佘赛花在少年时便与普通的大家闺秀不同，她研习兵法，颇通将略，把戍边御侵、保卫疆域、守护中原民众为己任，协助父兄练兵把关，已具备巾帼英雄的气度。

提及杨门女将佘太君，必然会联想到杨业以及两位英雄的联姻，这得从他们的家世说起。五代十国混战时期，一些军阀为了达到巩固自己权位的目的，投靠契丹。后唐河东节度使石敬瑭以燕云十六州割让给契丹为条件夺取了后唐政权，致使契丹骑兵长驱南下，给中原地区先进的经济文化造成了严重的破坏，中原人民的生命财产也因此受到极大威胁。人民群众不甘忍受契丹压迫，纷纷起来进行反抗斗争，保卫家乡，收复国土。

杨业的父亲杨信时任后汉麟州（今陕西神木）刺史，杨业幼年随父亲由火山县（今河曲）到了麟州。麟州从五代以来就是西北地区的军事重地，常有重兵驻守，地方风俗以骑射为风，加上杨门的家传，杨业自幼就练得一身好武艺。

佘太君的父亲佘德扆，世出官宦之家，后汉任府州团练使，世居府州地区，历抵外侵，为将门豪族，世称"佘家军"。佘太君深受家庭的熏陶，文韬武略，深明大义。喜欢骑马射箭，

舞剑挥刀,她使的一手绝活叫"走线铜锤",在关键时候犹如流星绕飞,防不胜防。

后晋天福二年(公元937年),杨佘两家结为军事联盟。在共同抗辽、保卫家乡的斗争中,两家结下了深厚的友谊。两家的老家都是北路人,同为十家令公之一,门当户对,因此佘德扆将女儿自幼许配给杨业为妻。

佘太君和杨业青梅竹马,从小一起长大,共同的战事经历和志向使他们在感情上打下了坚实的基础。一年秋天,契丹派兵五万侵犯府州。当时佘德扆卧病在床,佘太君向父亲请战后,一方面借辽军使者下战书相威胁之际,将计就计,拖延交战时间;一方面急派人前往火山王杨信那里求援。辽兵在佘杨两支抗辽雄军的夹攻下大败。此次战役大获全胜,佘太君受到父亲佘德扆和杨家父子的称赞。战争结束以后,杨业与佘太君更是互为尊重,爱慕中两人相约以武相会,跨双骑,持刀枪,在府州城南的野外打将起来,你来我往,枪来刀去,都想打败对方,但又怕伤害了对方。战了很多回合,杨业想,我身为男子总不能让妻子把我打败,于是卖个破绽,佯装败逃,佘太君紧追不舍,当追至七星庙前,杨业瞅准时机,使出了杨家的看家本领"回马枪",一枪挑定佘太君的战袍将妻子挑下马背。佘太君落马也不示弱,抛出了走线铜锤,将杨业缠住扯下马来,两人双双落马,互相担心对方是否受伤,杨业要撩起佘太君的战袍查看,佘太君直羞得跑入七星庙内,后来二人在七星庙内成了亲。

佘杨两家结亲以后,佘太君随夫杨继业效命于北汉,居住在太原北汉"杨府"。杨业边关打仗,她在杨府内组织男女仆人丫环习武,仆人的武技和忠勇之气个个都不亚于边关的士兵。

杨业归宋以后,举家迁至开封府。杨业七年抗辽,威震雁门。但由于受到奸臣的陷害,杨业于公元986年不幸殉国。佘太君上书陈述杨业战死的原由,潘美因此官降三极,王侁和刘文裕也被削职为民。

佘太君作为一名历史人物,虽然史书记载较少,但她是家喻户晓、妇孺皆知的"杨门女将"中的核心人物。她那种忧国忘身、勇于任事的精神,不仅体现在爱国忧民上,她为了儿孙们出征不再夭折,还将自己认为不太吉利的"折"姓毅然改为与"折"同音的"佘",意在子孙福禄有余,由她一人撑着一片天,一人承受外来之灾,从此历史上的"折太君"便成了"佘太君"了。至今,佘太君墓所在地山西保德县折窝村和陕西白鹿县佘家坡头村的佘姓后裔对此都津津乐道。

为什么说潘美是大宋的开国功臣?

潘美,字仲询,大名(今河大名东北)人,北宋初名将。父亲潘瞒,在常山(今正定县)当过军校。

潘美是大宋的开国元勋,也是一位大忠臣。《宋史》对此早有定论:殁后赠中书令,谥武惠,追封郑王,配飨太宗庙庭。这在当时是一种极大的荣誉。

一本书知晓宋朝

翻开《宋史》,就可知道潘美是大宋的开国元勋,是一位功勋卓著的大忠臣。潘美的主要功绩体现在:

1. 稳定朝局

"陈桥兵变"中,赵匡胤皇袍加身,做了皇帝,是为宋太祖。此时,他要回兵京师登上皇帝宝座稳定朝局才行。但后周的文武百官会不会心服口服呢?他心里没有底。他想,只有先派一个得力的人回朝去传达他的命令,承认他这个皇帝才行。因为他想兵不血刃,平稳得位。但派谁去合适呢?此时他想到了大将潘美,他认为潘美是一个仁义兼备的人。果然,潘美没有辜负使命,他回朝以后,在朝会上当着太后、恭帝和文武百官的面宣布了赵匡胤的命令并讲清了道理,从而得到了文武百官的理解和支持,稳定了朝局。由此可见,潘美是宣布建立宋朝的第一人。

2. 收服袁彦

宋太祖建隆二年(公元961年),赵匡胤虽然取得了皇位,但当时国家仍处于军阀割据的分裂状态。《宋史》记载:"陕帅袁彦凶悍,信任群小,嗜杀黩货,且缮甲兵,太祖虑其为变。"袁彦这个人,因不服赵匡胤,所以经常不去朝觐。而其他人都盯着袁彦,"静观其变",要看看赵匡胤究竟能把袁彦怎么样。对此,赵匡胤是既恼火又担心,因此决定先处置袁彦,杀鸡儆猴。但派谁去合适呢?此时,他又想到了潘美,他认为潘美有勇有谋,完全可以胜任这件事。临行前,太祖密令潘美,在必要时可以将袁彦除掉。

潘美受命之后,心想,杀袁彦并不是好办法,于是他不带一兵一卒,单人匹马来到了陕西袁彦军中,对袁彦坦诚相见,耐心说服、讲明道理。袁彦见潘美如此胸襟,感慨万分,于是在这年秋天,跟随潘美朝觐了宋太祖。

3.安抚淮南

宋太祖建隆元年(公元960年)九月,淮南节度使李重进起兵叛乱。李重进是后周太祖郭威的外甥、世宗柴荣的表哥,又是顾命大臣,他当然不甘心臣服于赵匡胤,于是起兵扬州、对抗宋庭。

淮南是宋朝京都的后院,战略位置非常重要,宋太祖只好御驾亲征,并命石守信为统帅、潘美为副帅,兵伐淮南。大军进展非常顺利,十一月便攻下了淮南,李重进全家自焚,赵匡胤"诛重进党",平定了淮南。

为了日后不再发生此类意外,朝廷需要派一个能臣在此安抚治理。派谁合适呢?此时太祖皇帝又想到了潘美,于是任命潘美为淮南巡检使,镇守扬州。潘美用了三年的时间将淮南治理得井井有条,并因功授任泰州团练使。

4.镇抚长沙

宋太祖建隆三年(公元962年)十月,武平节度使周行逢病故,11岁的儿子周保权继位。衡州刺史张文表不服、乘机发动兵变,此时的两湖仍然是两个独立的小政权。宋军水陆并进,突破三江口(今湖南岳阳北),缴获战船七百艘,占领岳州(今湖南岳阳)。三月初十,宋军占领朗州,周保权被俘,湖南

遂平。

两湖平定以后,镇抚这个地方就是一件大事。因为这个地方三面受敌,东有南唐,西有后蜀,南有南汉,而且两湖之地有很多少数民族杂居,一旦处理不好,极易发生动乱而影响到统一大业。那么派谁去治理镇抚两湖为好呢?赵匡胤想来想去还是认为潘美最合适。

潘美到任以后,一干就是八年。在这期间,他采取了一系列安定民心的措施,从而使生产得以发展,民族关系得以改善,将两湖管理得井井有条,并于乾德二年九月,一举拿下南汉的北面门户郴州,为日后平定南汉做好了前期准备。

5.扫平南汉

荆湖、后蜀灭亡后,南唐、吴越先后向宋臣服,唯有南汉主刘鋹(chǎng)拒绝归宋。

宋太祖开宝三年(公元970年),太祖认为平定南汉的时机已经成熟,于是以"潭州防御使潘美为贺州道行营兵马都部署,朗州团练使邥人尹崇珂副之,遣使发十州兵会贺州,以伐南汉"。

当时南汉拥有两广,而且地形复杂,易守难攻。潘美采取中间突破的方略。九月,直趋贺州(今广西贺县东南贺街)。潘美声言沿贺水东取兴王府(今广州),以诱歼南汉军主力。刘鋹派大将伍彦柔率舟师溯郁江、贺水西上增援,潘美引军伏击获胜,斩杀伍彦柔,占领贺州。

十二月,宋军进至韶州(今广东韶关),南汉都统李承渥率

兵十万在莲花峰（今韶关东南）下摆象阵迎击宋军，潘美以强弓劲弩破其象阵，占领韶州。

南汉平定以后，赵匡胤并不急于要潘美班师还朝，而是要他兼任广州知州还兼两广转运使以及市舶使（相当现在的海关关长），其后又拜山南东道节度使。赵匡胤此举的目的，就是让他安抚好百姓，潘美在这里一干又是三年，他大刀阔斧地进行了整顿，从而使这个地方人心安定、生产发展。

6.平定江南

宋太祖开宝八年（公元975年）九月，赵匡胤见平定江南的时机已经成熟，于是任命曹彬为统帅，潘美为副帅，进攻南唐，潘美率兵袭击，大败南唐。

7.大战太原

宋灭了南唐政权以后，整个南方基本上就算平定了，从此也就只剩下北汉这个小小政权了。太祖开宝九年（公元976年）秋，赵匡胤决定进攻北汉。于是他把这个重任又交给了大将军潘美和党进。潘美、党进兵伐太原，潘美把太原围了个水泄不通，与北汉主刘继元战于汾上，大破北汉军。

就在此时，太祖赵匡胤病逝，加上契丹援兵将至，于是朝廷令潘美暂时撤兵。

太平兴国元年，宋太宗赵光义继位，由于潘美南征北战，战功卓著，升"宣徽南院使"。三年，加开府仪同三司，成为上马管军的检校太师，正一品大员。

8.攻取北汉

一本书知晓宋朝

太平兴国四年（公元979年）春，太宗赵光义决定攻取北汉，完成统一大业。他御驾亲征，命潘美为统帅，兵伐太原。

这一次，太宗和潘美经过周密部署，鉴于北汉依附于辽，赵匡胤曾三次出征北汉，皆败于出援辽军，于是制定了围城打援、先退辽军、后取太原的方略。

辽国大将耶律敌烈在石岭关遭到宋军包围，战败身亡。不久，北路辽军也被击退。

太宗抵达太原之后，视察四周各营，慰劳各将领。潘美在扫清外围后，集中兵力数十万猛攻太原，太原最终被攻破，北汉主刘继元在外援无望，城中又缺食少粮的情况下，被迫于五月初六举城出降，北汉灭亡。

纵观史籍，从宋朝的开国到立国，潘美曾多次挂帅，东征西抚、南征北战，"上马治军、下马安民"，成为皇帝的左膀右臂，为北宋立下了很多汗马功劳。难怪明人柯维琪在《宋史新编》赞誉潘美云："宋代良将，曹彬第一，潘美其次焉。"

曹彬为什么被称为"大宋第一良将"？

曹彬，字国华，真定灵寿（今河北石家庄市灵寿县岗头村）人。后汉乾祐二年（公元949年）做成德军牙将。周太祖郭威取代后汉，建立后周王朝。太祖的贵妃张氏是曹彬的姨母，因而曹彬被召回京城任职，做监军。北宋时期，曹彬很受宋太祖器重，累迁左神武将军兼枢密承旨、宣徽南院使、检校太傅，拜枢密使、检校太尉等职。太宗即位以后，曹彬被加封同平章

事。太平兴国三年（公元978年），加封检校太师兼侍中。

曹彬自幼喜好习武，早在他做成德军牙将的时候，节帅武行德就看出他与众不同，肯定能成大器。曹彬平常为人低调，虽然他婶婶张氏是周太祖贵妃，但他并没有因此而骄横，反而是比任何人都恭谦。

宋太祖赵匡胤还未登基时，与曹彬同为柴世宗的手下。赵匡胤当时位高权大，曹彬则是掌管朝廷茶酒的小官。有一天赵匡胤向曹彬讨酒喝，曹彬说："这是官酒，不敢私自给你。"后来，曹彬自己掏钱，买了酒送给赵匡胤。宋太祖后来即位便说："以前世宗手下的那些人，只有曹彬从不欺主。"曹彬待人接物，朱熹给他的评价是："和气接物，煦如阳春；忠诚事君，皎如白日。不以富贵骄人，唯以谦恭自处。"

曹彬信奉"不敢为天下先"，即忍让不争，谦恭柔顺，为而不有，成而不恃，知荣守辱，知止不殆。不争即无为，不责人小过，不发人隐私，不念人旧恶，二者可以养德，亦可以远害。同时，曹彬强调"俭"，做到人清心不贪，少私寡欲，不追求浮华失真而迷失本性，失德离道。这一点曹彬做的是柔韧有余，最典型的莫过于后周时期他拒收吴越小朝廷送给他的礼物了。当时曹彬作为大使出使吴越，吴越为表示对大周贵宾的尊敬，于是送曹彬礼物，但三番五次曹彬都没有接受，而且还偷偷地跑了，最后吴越人不得不驾轻舟追赶他，最终曹彬才被逼接受了礼物，回来后他又把礼物"悉上送官"，他这种作法连皇帝都看不下去了，周世宗强行将礼物退还给他，而他却把这些礼

一本书知晓宋朝

物全部分给了亲戚朋友，他自己一分钱也没留。宋太祖有一次问曹彬对当朝官员有什么个人意见，曹彬回答说："臣主军事，军事之外不是臣所应当知晓和介入的。"太祖执意追问，曹彬也只是推荐随军转运使沈伦，认为他廉洁谨慎，可以任要职。

据《曹彬列传》记载，曹彬虽然兼将、相于一身，却不因官场上不同等级的不同威严而自认为有什么特别之处。在路上遇到其他官员，曹彬必定领着车子避让。没有名气的小官，每每汇报事情，他必然会穿戴整齐后才召见。曹彬的官职不可为不大，可他没有因为官大就摆谱。

曹彬不但对自己人宽容，而且对敌视政权的子民也一视同仁。起初曹彬带兵攻蜀，占领遂宁，他部下的将士都主张要屠城，曹彬严令禁止屠杀。士兵们掳获了敌人的妇女，他下令辟室妥慎保护，决不允许出现奸淫非礼的行为。等到战事停止以后，曹彬对于有家可归的妇女，给资遣回；无家可归的妇女，也都替她们备礼择配嫁人。因此民众们都非常感激曹彬的德政。乾德二年（公元964年）冬，宋廷终于平定了蜀乱。当时多数将领掳掠了很多女子和财物，而曹彬袋子中只有图书、衣物而已。开宝七年（公元974年），宋廷讨伐江南。李煜危急，派遣他的大臣徐铉拿着国书跑到宋朝，请求宋朝暂缓攻打。于是曹彬经常放缓了进攻的节奏，希望李煜降服。十一月，曹彬又派人告诉李煜说："事情已经到了如此地步，可怜的是全城百姓，如果能归降，这才是上策。"就在城将被攻克时，曹彬忽然称病

不管事。本来曹彬是主帅，他完全可以立下军令状：克城之日，妄杀一人者，杀无赦，可是他却没有这样做，这体现了道家的"慈"，即人应有悲天悯人的仁心和普度众生的胸襟，他大概是想以此感化众将领不要生灵涂炭。于是，诸将领都来探视病情。曹彬说："我的病不是药物能治好的，只须各位真心实意发誓，在攻下城池的那一天，不乱杀一人，那么我的病就自然好了。"众将领不约而同地答应了曹彬的要求，并且一起焚香发誓。次日，曹彬病情逐渐"好转"。第三日，城池被攻破。曹彬不以武力克复江南，从而保全了千千万万百姓的性命。

曹彬主管徐州工作时，有一官员犯罪，都已经结案了，过了一年而后才实施杖刑，人们都不知道其中的缘故。曹彬说："我听说这个人刚娶了妻子，如果给他实施杖刑，她的公婆必定会认为新媳妇不吉利，而经常打骂她，使她难以生存。所以我把这件事缓了一步，但是法律也没有违背。"

曹彬一生戎马，严于律己，士众畏服，谦恭仁厚，不言人过，朝臣敬重。咸平二年（公元999年）六月，曹彬病世，终年69岁。真宗皇帝亲临恸哭吊祭，赠中书令、济阳君王，谥武惠，配飨太祖庙庭，后又追封韩王，妻高氏赠韩国夫人。《宋史》对曹彬的评价是："仁恕清慎，能保功名，守法度，唯彬为宋良将第一。"

杨延昭为什么被人称为杨六郎？

杨延昭，本名杨延朗，后因避道士赵玄朗的讳，改名杨延

昭，通常称为杨六郎。北宋抗辽大将杨业的长子，生于五代后周显德五年（公元958年），卒于北宋大中祥符七年（公元1014年），原籍麟州（今陕西神木）人，北宋前期将领，自幼随杨业征战。雍熙三年北伐，杨业率军攻应、朔等州，杨延昭为先锋，时年29岁，作战英勇，终于攻下朔州。杨业死后，杨延昭便担负起河北延边的抗辽重任。雍熙北伐之后，杨延昭在景州（今河北景县）、保州（今河北安新县）等地抵御辽军的侵扰，死后陪葬于永安县（今河南巩义宋英宗永厚陵）。

在民间影响极大、妇孺皆知的《杨家将演义》中，杨延昭是老令公杨业的第六个儿子，而根据《宋史》记载，杨延昭是杨业的长子。也就是说，历史上真实的杨延昭并不是演义中所说的杨家的第六个儿子。与演义相同的是，《宋史》记载杨业确实有七个儿子。但与演义不同的是，《宋史》记载这七个儿子中，除了一子战死之外，其他众子都得以善终，并未阵亡、出家或流落番邦。

那么，身为长子的杨延昭为什么被称为"杨六郎"呢？其实，这个"六郎"与兄弟排行根本毫无关系。

略晓天文学的人都知道，古人称天狼星为六郎星，视为将星。杨延昭守卫边境20多年，"智勇善战"，令辽军闻之丧胆。辽人认定杨延昭是天上的六郎星宿（将星）下凡，故称之为杨六郎。对于这一点，信史也有确切记载，《宋史》云："延昭智勇善战……在边防20余年，契丹惮之，目为杨六郎。"

五代时北汉天会元年、后周显德四年（公元957年），杨延

昭出生于山西太原城。当时他的父亲杨业在北汉已居官六七年,杨六郎的青年时代是在北汉度过的。他是否参加过杨业在北汉为将时抗辽的战斗,史书并无记载,但杨业曾说过"此儿类我,每征行必以从"的话,可见杨延昭在青年时代有过随父从征的经历。

杨业降宋之后,杨延昭也随父亲效忠于大宋。北宋建立后,面临着来自北部辽国的威胁。此时,辽国的疆域,西起金山(今阿尔泰山),北至今蒙古高原北缘和外兴安岭,东抵库页岛(今萨哈林岛),南界的西段大致按今中蒙边界分别与西州回鹘、西夏相接,东段在今内蒙古、山西、河北境内与北宋为界。实力强大的辽国屡屡进犯北宋边境,为此,北宋决心解除来自辽国的威胁。

杨延昭在北宋历史上亮相,是在北宋太宗雍熙三年(公元986年)的伐辽战争中开始的。这一年,宋军分山西、河北两线进攻辽军。西路主帅是潘美,杨业为副帅,28岁的杨延昭为先锋。宋军在杨家父子的率领下,在雁门关外进攻辽军,取得了节节胜利,收复了很多城池。杨延昭的勇敢也初次让辽军见识。据史籍记载,在攻击朔州时,杨延昭担任先锋攻打辽军城池,胳膊不慎被流矢射穿,但他仍然坚持战斗而且越战越勇,并最终率军顽强地攻下了敌城。

而由宋太宗亲自率领的东线,则在高梁河大败,不得不南撤,因此大批辽军压到西线。当时辽兵势大,杨业认为不能硬拼,但随军护军王侁等邀功心切,下令杨业进军。杨业哭谏,

但仍未被采纳。无可奈何之下，杨业率兵进攻辽军。出发前，他请潘美和王侁在陈家峪安置伏兵，并准备强弓手以等候他转战至此给以接应。潘美等如约安置了伏兵，但等了很久也不见杨业回来，他们以为宋军一定取得了胜利，正在追击辽军，因此决定撤兵。而此时，杨业率领的宋军与辽军激战正酣。宋军伤亡惨重。直到黄昏时分，杨业才率领残部按事先约定来至陈家峪，却不料根本没有见到宋军的影子。杨业孤军陷入重围，终因寡不敌众而全军覆没，自己也中箭被俘。在辽营中，杨业宁死不屈，最后绝食三日殉国尽忠。

和杨业一起殉国的，还有他的一个名叫杨延玉的儿子。杨业殉国后，朝廷给潘美贬官三级，将王侁等革职罢官。同时旌表杨业"尽力死敌，立节迈伦，诚坚金石，气激风云，求之古人，何以加此！"

此役杨延昭突围以后，于八月间以丁父忧（遭逢父亲丧事）之名回到河南郑州。丁忧三年后，杨延昭再次应召抗击辽军，担任保州沿边都巡检使，扛起了边关抗辽的重任。

北宋咸平二年（公元999年），辽军大举南侵，很快攻到了遂城（今河北徐水县东）。杨延昭正在遂城镇守。当时遂城城小兵少，守军不到三千。而辽军由于萧太后亲临城下，自执桴鼓督战，因此矢飞如雨，进攻猛烈。面对辽军的猛烈攻势，军民都惶恐不安。而杨延昭却从容自若。他召集城中青壮年百姓，发给他们武器，让他们登城与兵士共同作战。当时正值初冬，天气还并不寒冷，不料一日气温骤降，有如天助。杨延昭

一本书知晓宋朝

随即命城中军民大量提水往城墙猛浇，一夜之间城墙变成了既坚固又光滑的"冰铁城"。辽军面对这样一座很容易被"修复"却无法攀爬的城池，无计可施，只好绕过遂城进攻别处。经过此次战役，杨延昭威震边关，人们都称杨延昭守卫的遂城为"铁遂城"。

咸平四年，辽军再次大举南下侵扰北宋边境。杨延昭在遂城西北的羊山设下伏兵，自己率少数骑兵引诱辽军，且战且退。行至羊山下，伏兵四起，杨延昭与伏兵会和，两面夹击辽军，并斩杀辽国大将。这一战宋军大获全胜，尽歼辽军。这就是历史上著名的"羊山之伏"。当地百姓为了纪念此次大捷，改"羊山"为"杨山"，杨延昭因功被加封为莫州团练使。

宋真宗景德元年（公元 1004 年），辽圣宗、萧太后再次率兵大举南侵，一直打到北宋腹地澶州。宰相寇准和杨延昭等将领，力主抵抗。杨延昭还上书建议，乘辽兵大举南下之际，出兵取幽、易等州，但是软弱的宋真宗根本没有挫败辽军的信心，所以并未采纳杨延昭的建议，而是与辽国签订了屈辱的"澶渊之盟"。对此，杨延昭深以为国耻，拒绝接受朝廷"勿伤北朝人骑、勿追契丹"的命令，不断痛歼辽军游骑，并且独率所部万余骑，深入辽境，消灭了大量敌军，并一举收复重镇古城（今山西广灵西南）。

河北《南皮县志》还记载了"杨六郎摆牦牛阵"的奇事：一次，杨延昭为抵御来犯的辽军，秘密派人收购了一万多头牦牛。随后，他又下令扎了无数穿戴辽兵服装的草人，草人腹中

一本书知晓宋朝

装上饲料,然后引诱牦牛用牛角上所绑之刀挑开草人腹部吃料。如此训练百余日,众牦牛见到穿辽兵服装的人便猛用角挑。杨延昭觉得时机成熟,便下令将牛饿上三天三夜,然后派人去辽营挑战。等到辽兵追过来,杨延昭命人将牦牛放出,牦牛冲入敌阵,见人就挑,辽兵死伤无数,宋军大获全胜。此阵因此得名"牦牛阵"。据说杨六郎用牦牛阵抵御辽兵的地点在南皮县的凤翔乡万牛张村。1958年时,当地人曾在村前挖出喂牛的石槽、锅台、饮牛大缸等物。

景德二年(公元1005年),杨延昭升任莫州防御使,并出任保州知州兼沿边都巡检使,后又任高阳关路副都部署,主持河北一线的边防事务。杨延昭从此成为河北前沿的总帅,统兵数万,防守天津至太行山下一线的边防。高阳关、益津关、瓦桥关是河北边防的重要关口,都在杨延昭的管辖区域之内。把守三关期间,杨延昭屡次打败了辽兵的骚扰(至今河北民间小调《小放牛》中仍有"杨六郎把守三关口"的词句)。

杨延昭不仅智勇善战,而且能与士卒同甘共苦。他"不问家事",不仅将所得的薪俸都犒赏了部下,而且遇敌必身先士卒而不居功,因此深受士卒爱戴。杨延昭前后守卫边境20余年,公元1014年正月初七,他在边疆要塞去世,享年57岁。

杨延昭镇守河北边防十五六年期间,辽兵极少犯境,老百姓过着比较安定的生活。故此,老百姓非常爱戴他。当杨延昭的灵柩运离时,送行的人民"多望棺而泣",就连敌方辽国人也举哀致敬。民间相信他是"六郎星"重返天庭,因此立祠纪

念他。

史载杨延昭有三个儿子：杨传永、杨德政、杨文广。其中最有名的是杨文广，他同他的祖父和父亲一样，有超常的军事谋略和才能。但因为朝廷对辽采取软弱国策，他的才能无法得到施展。后来杨文广终于有机会镇守宋辽边关，到任后他日夜厉兵秣马，时刻准备收复幽燕，并不断向朝廷献上阵图以及攻取幽燕的策略。遗憾的是，还没等到朝廷的回音，杨文广就病死在任上，真是"出师未捷身先死，长使英雄泪满襟"！

寇准一生经历了怎样的坎坷？

寇准，北宋政治家、诗人，字平仲。华州下邽（今陕西渭南）人。

寇准是北宋时期著名的政治家。寇准从小就非常聪明，7岁时随父登华山就留下了"只有天在上，更无山与齐。举头红日近，俯首白云低"的诗句。19岁时，寇准赴汴梁（开封）会试被录取，任大理评事，由于政绩显著，升任大名府成安军，迁殿中丞，后又被提为尚书虞部郎中。

由于寇准刚直不阿，敢于向皇帝犯颜直谏，所以宋太宗就称赞他说："朕得寇准，犹文皇之得魏征也。"宋真宋景德元年（公元1004年），辽军有大举进攻之势，寇准被诏回朝任宰相。他反对王钦若等南迁的主张，力主抵抗，促使真宗往澶州（今河南濮阳）督战，与辽订立澶渊之盟。不久，寇准遭到王钦若排挤，被罢黜宰相之职。晚年，寇准再次被起用为相。天禧四

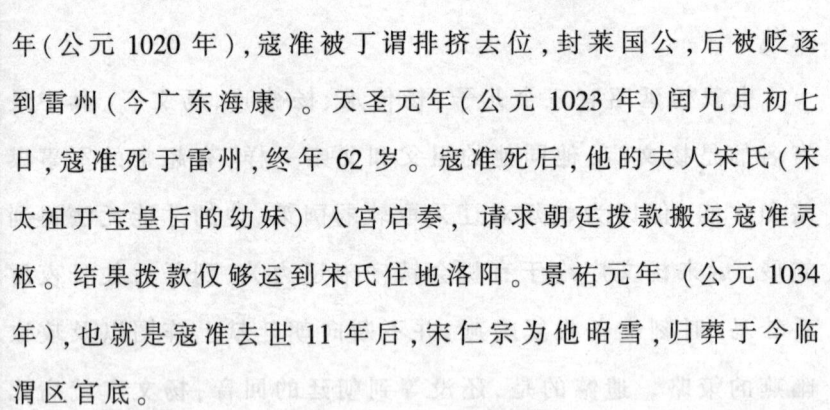

年（公元 1020 年），寇准被丁谓排挤去位，封莱国公，后被贬逐到雷州（今广东海康）。天圣元年（公元 1023 年）闰九月初七日，寇准死于雷州，终年 62 岁。寇准死后，他的夫人宋氏（宋太祖开宝皇后的幼妹）入宫启奏，请求朝廷拨款搬运寇准灵柩。结果拨款仅够运到宋氏住地洛阳。景祐元年（公元 1034 年），也就是寇准去世 11 年后，宋仁宗为他昭雪，归葬于今临渭区官底。

与寇准同时期的范雍为他的诗集作序，说他"平昔酷爱"王维与韦应物的诗。他的一些诗也确实受到他们的影响。他的七言绝句意新语工，最有韵味，如"萧萧远树疏林外，一半秋山带夕阳"（《书河上亭壁》），"日暮长廊闻燕语，轻寒微雨麦秋时"（《夏日》）等，情景交融，清丽深婉，都是值得玩味的佳作。寇准虽不是词家，但偶有所作，也颇可读。《全宋词》共辑其词 4 首。寇准留存于世的有《寇莱公集》7 卷、《两宋名贤小集》、《寇忠愍公诗集》3 卷等。

包拯为什么被称为"包青天"？

包拯，字希仁，庐州人（今安徽合肥人），北宋天圣五年（公元 1027 年）进士。由于为官清廉，铁面无私，世人都称誉他为"包青天"。

包拯中进士以后，由于父母年事已高，不忍远去为官，直到双亲相继去世，守孝完毕，才在亲友的劝说下出任官职，期间长达十年之久，因而以孝闻于乡里。

一本书知晓宋朝

宋景祐四年（公元1037年），包拯任天长（今安徽天长）知县，颇有政绩。任满后，包拯被调任知端州（今广东肇庆）。后回京任监察御史里行，又改监察御史，为"言事官"，对处事不当、行事不法的官僚，都可以进行弹劾。为了惩治贪官污吏，庆历四年（公元1044年），包拯向仁宗上疏《乞不用赃吏》，认为清廉是人们的表率，而贪赃则是"民贼"。包拯先后七次上书弹奏江西转运使王逵，揭露他"心同蛇蝎"，残害百姓，并严厉批评宋廷的任官制度。

宋皇祐二年（公元1050年）闰十一月，宋仁宗下诏以三司使、户部侍郎张尧佐为宣徽南院使、淮康军节度使、景灵宫使。张尧佐是张贵妃之父张尧封的堂兄。由于张贵妃受到宋仁宗的宠爱，张尧佐也因此青云直上。

包拯时任监察御史，负责对皇帝百官的纠弹。他认为宋仁宗一再超擢张尧佐，任人唯亲，不符合大宋法度。他上书指出宋仁宗提拔张尧佐是错误的，并分析其背景是后宫干政、个别大臣曲意奉迎。包拯此举如天惊石破，激起了一片称赞，大臣们纷纷上书反对任命张尧佐。面对强大的舆论，宋仁宗只好收回成命。

转眼到了次年正月，宋仁宗经不住张贵妃的一再请求，再次下旨擢升张尧佐。包拯不顾再次触犯宋仁宗和张贵妃，再一次挺身直谏。

张尧佐见包拯等人言辞激烈，感到众怒难犯，当即表示不接受委任。于是，宋仁宗也就顺势下台了。

一本书知晓宋朝

但是张贵妃却老大不高兴，一再在仁宗耳边煽风点火。这年八月，宋仁宗金殿早朝，张贵妃特意送到宫门口，抚着仁宗的后背，柔声说："官家今日不要忘了封宣徽使之事啊。"

金殿之上，宋仁宗果然又一次降旨。但御旨一下，包拯立即上奏。这一回，宋仁宗打定主意，坚持己见，说："张尧佐并无大过，可以擢升。"

包拯谏驳道："各地官吏违法征收赋税，闹得民怨纷纷。张尧佐身为主管，怎么能说是无大过呢？"

宋仁宗叹了口气，婉转说道："这已是第三次下旨任命了。朕既贵为天子，难道擢任一个人就这么难吗？"

包拯闻言直趋御座，高声说道："难道陛下愿意不顾民心向背吗？臣既为谏官，岂能自顾安危而不据理力争？"张尧佐站在一旁，听得心惊肉跳。

宋仁宗见包拯这么执著，众大臣又纷纷襄赞，而自己又没有合适的理由反驳，心里非常生气，一甩手回到宫里。

张贵妃早已派人探得消息，知道又是包拯犯颜直谏，惹得仁宗下不了台，所以等仁宗一回来，她立刻迎上前去谢罪。

宋仁宗余怒未消，举袖擦脸，说："包拯说话，唾沫直溅到朕的脸上！你只知道宣徽使、宣徽使，就不知道包拯他还在当御史！"

包拯在任三司户部判官及三司副使期间，先后出任京东、陕西、河北等路转运使，每到一地，都以减轻民间负担、改革弊政、发展生产为己任，提出了"宽民利国"的经济思想。多次

98

一本书知晓宋朝

为了国家大事，说出皇帝不爱听的话，论斥权幸大臣，请求罢去皇帝赐给亲信官僚们的恩宠，一切改由主管机构正常渠道进行。他将唐朝魏征给唐太宗的三道奏章写出来，呈给宋仁宗作为座右铭，时刻警惕仁宗以国家大事为重。请求仁宗虚心纳谏，分辨是非，不要搞"先入为主"，偏听偏信，而要爱惜人才，除去苛刻，严正刑禁，禁止妖言邪说，不随意大兴土木等等，朝廷多采纳施行。

嘉祐元年（公元1056年）十二月，朝廷任包拯权知开封府，他于次年三月正式上任，至三年六月离任，前后仅有一年多的时间。但在这短短的一年里，他把号称难治的开封府，治理得井井有条。他敢于惩治权贵们的不法行为，坚决抑制开封府吏的骄横之势，并能够及时惩办诬赖刁民。

由于包拯在开封府执法严明，铁面无私，敢于碰硬，贵戚宦官也不敢不有所收敛，听到包拯的名字就感到害怕。儿童妇孺们都知道包拯的名字，亲切地称呼他为"包待制"。开封府广泛流传着这样的话"关节不到，有阎罗包老"，就是用阎罗比喻包拯的铁面无私。

宋嘉祐六年（公元1061年），包拯官至枢密副使，次年五月病逝。包拯死后，"京师吏民，莫不感伤，叹息之声，大街小巷都可听得到"。可见包拯在人民心中的影响有多大。

包拯曾写过一首名为《书端州郡斋壁》的诗：

清心为治本，直道是身谋。

秀干终成栋，精钢不做钩。

仓充鼠雀喜，草尽兔狐悲。

史册有遗训，毋贻来者羞。

这首诗，可以说是包拯一生人格精神的写照，他绝对无愧于"包青天"的称号。

狄青为大宋朝立下了哪些卓越战功？

狄青，字汉臣，北宋汾州西河（即今山西文水）人，生于北宋大中祥符元年（公元1008年），卒于嘉祐二年（公元1057年），葬于永安县（今河南巩义）。狄青面有刺字，善骑射，出身贫寒。狄青勇而善谋，精通兵法，身经百战，立下了累累战功。在其诸多战事中，以皇祐四年（公元1052年）正月十五夜袭昆仑关最为著名。

狄青出身贫寒，从小就胸怀大志，16岁时，由于其兄与乡人斗殴，狄青代兄受过，被"逮罪入京，窜名赤籍"，开始了他的军旅生涯。

宋仁宗宝元元年（公元1038年），党项族首领李元昊在西北称帝，建立西夏。宋廷择京师卫士戍边，狄青也在其列，任延州指挥使，当了一名低级军官。在战争中，狄青骁勇善战，多次充当先锋，率领士兵夺关斩将，先后攻克金汤城、宥州等地，烧毁西夏粮草数万，并指挥士兵在战略要地桥子谷修城，筑招安、丰林、新寨、大郎诸堡，以抵御西夏。

狄青每战披头散发，戴铜面具，一马当先，所向披靡，在4年时间里，参加了大小25次战役，身中8箭，但从不畏惧。在

一次攻打安远的战斗中，狄青身负重伤，但"闻寇至，即挺起驰赴"，冲锋陷阵，在宋夏战争中，立下了累累战功，声名也随之大振。

康定元年（公元1040年），经过尹洙推荐，狄青得到了陕西经略使韩琦、范仲淹的赏识。范仲淹授之以《左氏春秋》，并对他说："为将若不能博古通今，那只是匹夫之勇。"于是狄青开始发愤读书，也因此而精通兵法谋略。由于狄青勇猛善战，屡建奇功，所以升迁很快，数年之间，先后出任泰州刺史、惠州团练使、马军副部指挥使等职。皇祐四年（公元1052年）六月，狄青任枢密副使。

狄青受命于宋王朝的多事之秋，就在这一年，广西少数民族首领侬智高起兵反宋，自称仁惠皇帝，招兵买马，攻城略地，一直打到广东。宋朝仁宗皇帝十分恐慌，几次派兵征讨，均损兵折将，大败而回。就在举国骚动、满朝文武惶然无措之际，仅当了不到3个月枢密副使的狄青，自告奋勇，上表请行。宋仁宗非常高兴，任命他为宣徽南院使，宣抚荆湖南北路，经制广南盗贼事，并亲自在垂拱殿为狄青设宴饯行。

当时，宋军连吃败阵，军心动摇，更有个别将领如陈曙等，心怀私利，不以国事为重，竟因担心狄青抢功而擅自出击，结果大败而归，死伤惨重。狄青受命之后，鉴于历朝借外兵平叛后患无穷的教训，首先向皇帝建议停止借交趾兵马助战的行动。他大刀阔斧整顿军纪，处死了陈曙等不听号令之人，令军威大振，接着命令部队按兵不动，从各地调拨、屯集了大批的

粮草。侬智高的军队看到后，以为宋军在近期内不会进攻，因此放松了警惕。而狄青却乘敌不备，突然将军队分为先、中、后三军，自己亲率先军火速出击，一举夺得昆仑关，占据了有利地形，接着命令一部分军队从正面进攻。他执掌战旗率领骑兵，分左右两翼，绕道其后，前后夹攻，大获全胜。

班师还朝以后，论功行赏，狄青被任命为枢密使，当上了最高军事长官。然而种种祸患也就由此而生。

宋朝重文轻武，自开国以来，极力压低武将地位，把崇文抑武作为基本国策。在这样的政治环境下，随着狄青官职的升迁，朝廷对他的猜忌、疑虑也在逐步加深。

早在皇祐四年（公元1052年）狄青任枢密副使时，御史中丞王举正就认为，狄青出身行伍而位至执政，恐怕有朝一日会对朝廷不利。右司谏贾黯上书皇帝，论奏狄青升官有四不可，御史韩贽等人也随声附和。到狄青凯旋还朝做了枢密使时，这种疑忌和不安达到了顶点。臣僚百官纷纷进言，反对任命狄青，其中王举正竟以罢官相威胁，不仅如此，就连原来屡屡称颂狄青战功、誉之为良将的庞籍、欧阳修等人也极力反对任命狄青。难道是狄青居功自傲，怀有异心而招致众议吗？当然不是，狄青始终对朝廷忠心耿耿。在他做了枢密副使之后，脸上仍保留着宋代军士低贱的标记——"制"字。宋仁宗曾劝他用药抹去，狄青回答说："陛下以功擢臣，不问门第，臣所以有今日，由此涅尔，臣愿留以劝军中。"由此可见，狄青首先想到的是鼓舞士气，而不是自己做官的尊严。

一本书知晓宋朝

狄青出身贫贱,曾有谄谀附阿之徒附会说他是唐朝名臣狄仁杰的后人,但狄青并不为改换门庭而冒认祖宗。在侬智高败逃以后,有人曾主张假报侬智高已死,以此邀功,狄青却没有为贪功而做此等昧良心之事。

嘉祐元年(公元1056年)正月,仁宗生了一场病,后来慢慢康复,如制诰刘敞上书仁宗皇帝,竟把狄青树为朝廷最大的威胁。在这种猜忌和疑虑达到登峰造极的时候,谣言纷起,有人说狄青家的狗头正在长角,有人说狄青的住宅夜有光怪,就连京师发水,狄青避家相国寺,也被认为是要夺取王位的行动。

嘉祐元年(公元1056年)八月,仅做了4年枢密使的狄青终于被罢官了,但由于狄青没有任何过错,所以被加宰相衔,民间称"从士兵到元帅、从布衣到宰相",出知陈州,离开了京师。

狄青到陈州以后,朝廷仍然很不放心,每半个月就遣中使,名为抚问,实为监视。此时的狄青已被谣言中伤搞得惶惶不安,每次使者到来他都会惊疑终日,惟恐再生祸乱。不到半年,狄青便发病郁郁而终,年仅49岁。曾经驰骋沙场,浴血奋战,为大宋王朝立下汗马功劳的一代名将,没有在兵刃飞矢之中倒下,血染疆场,马革裹尸,却死在猜忌、排斥的打击迫害之中,真是令人感叹不已!

北宋重文轻武的国策,最终自食其果,在后来的民族战争中,宋朝一直处于被动的地位。到宋神宗即位,希图重振国

威，但又苦于朝中没有能征善战之人，这才又思念起了狄青，他亲自为文，派使者到狄青家祭奠之灵，并将狄青的画像挂在禁中，但已经于事无补，只能徒增哀叹、遗憾、悔恨之情。

李纲是一位怎样的民族英雄？

李纲，北宋末、南宋初抗金名臣，字伯纪，号梁溪先生，祖籍福建邵武，祖父一代迁居江苏无锡。李纲是宋徽宗政和二年（公元1112年）进士，曾任太常少卿。宋钦宗时，任兵部侍郎、尚书右丞。靖康元年（公元1126年）金兵入侵汴京时，李纲任京城四壁守御使，团结军民，击退金兵，但不久即被投降派所排斥。宋高宗即位之初，曾经一度起用李纲为相，力图革新内政，但仅75天即遭罢免。绍兴二年（公元1132年），李纲再次被起用为湖南宣抚使兼知潭州，不久，又遭罢免。李纲曾多次上疏，陈说抗金大计，均未被采纳，后抑郁而死。

政和二年（公元1112年），李纲进士及第。政和五年，李纲出任监察御史兼权殿中侍御史，不久因议论朝政过失，被罢去谏官职事。宣和元年（公元1119年），李纲上疏要求朝廷注意内忧外患问题，被宋徽宗赵佶认为议论不合时宜，谪监南剑州沙县税务。

宣和七年七月，李纲被召回朝，任太常少卿。是年冬，金兵两路攻宋，完颜宗望率领东路军直逼宋都开封。

在宋廷一派慌乱情况下，李纲向宋徽宗提出了传位给太子赵桓，以号召军民抗金的建议。赵桓即位后，是为宋钦宗，

升李纲为尚书右丞,就任亲征行营使,负责开封的防御。李纲率领开封军民及时完成防御部署,亲自登城督战,击退金兵。金帅完颜宗望见开封强攻难以攻破,转而施行诱降之计,于是宋廷弥漫着一股屈辱投降的气氛。李纲因坚决反对向金割地求和,被宋钦宗罢官。由于开封军民愤怒示威,迫使宋钦宗收回成命,李纲才重新被起用。完颜宗望因无力攻破开封,在宋廷答应割让河北三镇之后,遂于靖康元年(公元1126年)二月撤兵。开封守卫战在李纲组织下获得胜利。

金兵撤离以后,李纲再次遭到宋廷投降派的排斥和诬陷。靖康元年五月,宋廷强令李纲出任河东、河北宣抚使,驱赶他出朝。李纲就任后,宋廷又事事加以限制,使宣抚使徒具虚名,无节制军队的实权。李纲被迫于九月辞职,不久又被加上"专主战议,丧师费财"的罪名,被贬谪到夔州(今四川奉节白帝城)。

李纲被贬不久,金兵再次两路南下围攻开封。宋钦宗在被俘前夕又想起用李纲,任命他为资政殿大学士、领开封府事,但为时已晚。当李纲在长沙得知此命时,北宋已经灭亡。

康王赵构(宋高宗)在南京应天府(今河南商丘)另建朝廷,是为南宋。为了利用李纲的声望,赵构起用他为尚书右仆射兼中书侍郎(右相)。李纲接到任命,便赶到南京,殚精竭虑,为高宗筹划重整朝纲,组织抗金,并同高宗周围的汪伯彦、黄潜善等投降派展开激烈的斗争。李纲反对投降,主张"一切罢和议",严惩张邦昌及其他为金兵效劳的宋朝官员。

一本书知晓宋朝

为加强抗金斗争的力量,李纲推荐坚决抗战的老臣宗泽出任东京留守,去开封整修防御设施;又力主设置河北招抚司和河东经制司,支持两河军民的抗金斗争,并推荐张所和傅亮分别任河北招抚使、河东经制副使。他还针对北宋以来军政腐败,赏罚不明等情况,颁布了新军制二十一条,着手整顿军政,并建议在沿江、沿淮、沿河建置帅府,实行纵深防御。

李纲整顿军政的设施,有助于南宋朝廷支撑局面,尚能为宋高宗所接受。然而,他主张坚决抗金及反对投降活动,却为宋高宗及汪伯彦、黄潜善等所不容。因此,他们又设法驱逐李纲。首先,高宗调李纲任尚书左仆射兼门下侍郎(左相),另委黄潜善接任右仆射兼中书侍郎,以牵制李纲。接着,高宗又罢免张所、傅亮,撤销河北招抚司及河东经制司,蓄意破坏李纲的抗金部署,迫使李纲辞职。李纲任宰相仅仅75天,就被驱逐出朝,不久被贬到鄂州(今湖北武汉市武昌),继而又流放到海南岛的万安军(今广东儋县东南),直到建炎三年(公元1129)底才重获自由。

建炎四年,李纲回到邵武居住。此后,于绍兴二年(公元1132年)二月至绍兴三年,任荆湖广南路宣抚使,兼知潭州(后改湖南安抚使),又于绍兴五年十月至绍兴七年十一月任江南西路安抚制置大使,兼知洪州。他虽然被排斥在外,却一直关心国事,一再上疏陈述政见,继续反对屈辱投降,支持岳飞抗金斗争。绍兴十年正月,李纲病逝。

李纲一生著述颇多,能诗善词,写有不少爱国篇章,代表

一本书知晓宋朝

作为《六幺令》、《水调歌头》、《水龙吟》、《永遇乐》、《江城子》、《念奴娇》、《雨霖铃》、《喜迁莺》、《望江南》等。著有《梁溪先生文集》180卷,刊行于世,其中《靖康传信录》、《建炎进退志》、《建炎时政记》等,都是李纲在北宋末、南宋初置身朝廷时的亲身经历和亲见亲闻的记录,是研究这段历史的宝贵资料。

宗泽是如何赢得东京保卫战的胜利的?

宗泽,中国宋代抗金大臣,字汝霖,浙江义乌人,民族英雄。宗泽最大的功绩在于赢取了东京保卫战的胜利。

宗泽东京保卫战是两宋之际以宗泽等抗战派将领为首的宋朝军民抗击金军侵略、保卫首都开封的重要战争,虽然宋军多次打退金军的进攻,但由于朝廷内部以高宗为首的妥协投降派不积极抗战、打击抗战派将领,从而使得宋军未能保住东京开封,未能将金军赶往黄河以北,以致后来金军多次南侵,并占领中原地区。宋、金在黄河、长江内外展开了旷日持久的战争。

宣和七年(公元1125年),金国统治者借口宋朝破坏双方订立的海上盟约,南下侵掠宋朝。同年十月,金军兵分两路,西路军以粘罕为主将,由大同进攻太原;东路军以斡离不(即完颜宗望)为主帅,由平州攻燕山。两路金军计划在宋朝首都开封会合。

宋徽宗闻讯,慌忙将皇位传给儿子赵桓(宋钦宗),自己向

一本书知晓宋朝

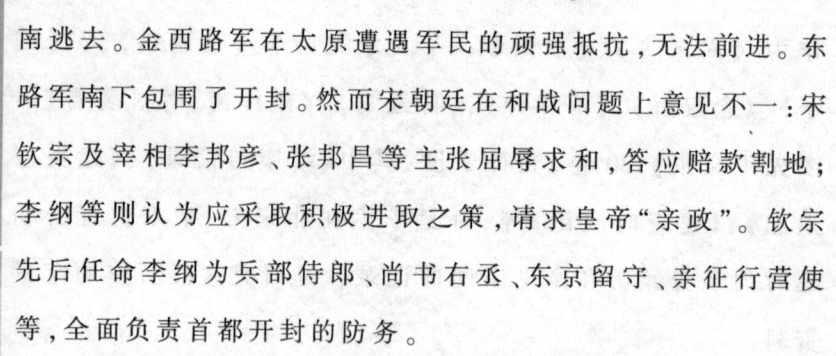

南逃去。金西路军在太原遭遇军民的顽强抵抗，无法前进。东路军南下包围了开封。然而宋朝廷在和战问题上意见不一：宋钦宗及宰相李邦彦、张邦昌等主张屈辱求和，答应赔款割地；李纲等则认为应采取积极进取之策，请求皇帝"亲政"。钦宗先后任命李纲为兵部侍郎、尚书右丞、东京留守、亲征行营使等，全面负责首都开封的防务。

李纲积极组织军民备战，修楼橹，挂毡幕，安炮座，设弩床，运砖石，施燎炬，垂檑木，备火油，准备了足够的防守器械。同时在城的四方的每方配备正规军 1.2 万余人，还有辅助部队，保甲民兵协助。组织马步军 4 万人，分为前、后、左、右、中五军，每天进行操练。

靖康元年（公元 1126 年）正月八日，金军抵达开封城下。由于当时各地勤王之师纷纷赶来救援京都，李纲亲自督战，因而几次大败攻城的金军。河北、山东义军也奋起抗金，形势对孤军深入的金军非常不利，金军被迫撤退。北宋军民同心协力、同仇敌忾，胜利地保卫了开封城。

金兵北退之后，投降派再次得势，李纲被迫离开开封，各路勤王之师和民兵组织被遣散，防务空虚。半年之后，即公元 1126 年秋天，金军又分东西两路南下攻宋。西路军攻破太原，乘胜渡河；东路军攻陷真定。两路军围攻开封，闰十一月二十五，开封城破。

开封虽被金军攻破，但开封军民抗敌情绪高昂，他们将前来议和的金国使者杀掉。第二天，有 30 万人领取器甲抵抗金

兵，当金兵打算纵火屠城时，居民百姓欲行巷战者"其来如云"。金军在城墙上慌忙修筑防御工事，以防开封居民将他们赶下城去。金军占领开封长达4个月，大肆掳掠后于公元1127年4月撤兵北去，带走包括徽、钦二帝在内的全部俘虏和财物，北宋至此灭亡，这就是中国历史上著名的"靖康之难"。

公元1127年5月，赵构在南京应天府（今河南商丘）即皇帝位，改靖康二年为建炎元年，他就是宋高宗，史称此后的宋朝为南宋。高宗即位之初，迫于金军威胁的严重形势，不得不再次起用有重望的李纲为宰相。李纲认为应迅速集结各地抗金力量，收复失地，并推荐老将宗泽留守开封。但当了75天宰相的李纲很快就被投降派黄潜善、汪伯彦挤走，抗金措施全部被废除。

公元1127年6月，宗泽前往抗金前哨京师充任东京留守。他6月10日接到朝廷任命，立即出发，17日就到了汴京。早在靖康元年初，金兵第一次围攻开封撤退以后，宗泽即已入京任台谏之职。8月，金兵第二次南侵，宗泽出知磁州（今河北磁县），并任河北义兵都总管。他不仅在磁州击退金兵，而且主动出击，获取一些战果，使磁州军势声震河朔。这时，钦宗派赵构（康王）前往金营求和，抵达磁州时，宗泽劝阻赵构使金，以免做了金军俘虏。金兵第二次围攻开封时，钦宗任命宗泽为河北兵马副元帅，协同兵马大元帅赵构等人救援京师。宗泽力主向开封进军，并不顾赵构、汪伯彦等人的阻挠，率兵奋战，多次挫败金兵，尽管由于势力单薄，未能解京师之围，但

一本书知晓宋朝

却有力打击了金军的气焰。

此次宗泽留守京师,独当大敌,他更加积极地投入到防卫京城的艰苦斗争中。他上任以后,立即着手整顿社会秩序,稳定市场物价,疏浚河道,恢复交通。经过一番努力,在一个多月的时间里,宗泽就将开封这个经过金兵洗劫,残破不堪的城市,整顿成了一个抗金前线的坚强堡垒。在社会秩序初步安定之后,宗泽又着力修建京城防御设施。在京城四壁,各置统领守御使臣,随处设置教场,日夜加紧训练义兵。根据城外地理形势,建立坚固壁垒24所,随其大小,驻兵数万。宗泽尤其重视黄河防线,他将沿河防务分给各县守卫,并在河的南岸设置障碍物,以阻止敌骑突入。沿河走向,依次建立连珠寨,相互支援策应。宗泽总结与金兵作战失利的原因,即我军步卒经不住敌骑冲突,往往一冲即溃。他在总结前人经验的基础上,制造了"决胜车"1200辆。其体制为:1人驾车,8人推车,2人扶轮,3人执牌辅车,20人持长枪辅车,18人以神臂弓随枪远射,每辆战车共用55人。每10车差大使臣1员总领,编为1队。行则为阵,止则为营,专门对付敌人骑兵的进攻。

建炎元年冬至二年(公元1128年)春,金军多次渡过黄河,侵扰濒河州县,以及滑州以南的沿河诸寨,作试探性的进攻。宗泽坐镇开封,从容不迫地调兵遣将,多次打退金军的进攻。宗泽保卫开封的一个突出特点就是没有坐守孤城,而是打出去。当金军渡河时,东京留守司有的官吏主张拆掉黄河上的浮桥,阻止敌人来犯。宗泽则派统制刘衍开赴滑州,刘达开赴

郑州,各领兵2万,战车200乘,打出去牵制敌人,并告诫诸将不得轻动,要保护桥梁,以待敌军过河来犯,伺机消灭之。金兵见宗泽戒备森严,乘夜切断河梁,以阻止追兵,然后仓皇逃跑。

金军不甘心失败,不久,又从郑州进犯,前军抵达白少镇,离京城仅有20千米左右,宗泽镇定自若,一方面安定京城士庶人心,另方面派遣精锐力量支援刘衍。正月十五灯节之夜,宋军在板桥大败金兵,并乘胜收复了延津、河阴、胙城等县,一直追到滑州。刘衍又分兵夜袭滑州西15千米处的金兵营寨,收获金军辎重粮草。这场保卫京城的战斗以宋军大获全胜而告结束。渡过黄河,相机收复河东、河北地区,是宗泽保卫开封的有机组成部分。

公元1128年春天,宗泽在巩固开封防务的同时,积极联络北方抗金义军、各地农民起义军以及若干支溃兵游勇,积极做渡河的准备,尤其是六月份,天气炎热,金军兵困马乏,正是大举北伐的好时机。这时,王彦的八字军奉宗泽之命,移屯滑州。五马山的首领马扩,也携带信王赵榛的信,前来留守司。他们3人共同制定了渡河作战的军事计划:王彦自滑州渡河直取怀、卫、濬、相等州;马扩等军由大名府攻打洺州、庆源府、真定府;杨进、李贵、王善、丁进等部都分头并进,与两河义军约定时日,里应外合。另外,宗泽自到开封后,先后向高宗上了24道奏疏,恳请他"回銮"东京,鼓舞士气,号召军民报国仇、复故疆。

一本书知晓宋朝

此时年已古稀的宗泽，满怀一腔忠心报国之志，日夜盼望朝廷批准他的渡河作战计划和高宗回銮的请求，但左等右盼，杳无音讯，只好深长地叹息道：我的心愿恐怕难以实现了。终于，他心力交瘁，忧愤成疾，终于一病不起。将领们前来探视，宗泽勉励他们奋勇抗金，完成自己未酬的壮志。死前一日，宗泽念及未竟事业，悲愤而又遗憾地吟道："出师未捷身先死，长使英雄泪满襟。"临终时，没有一句话提及他的家事，只是大声疾呼："过河！过河！过河！"

开封城内军民听到宗泽去世的消息，奔走相悼，太学生撰文祭奠，工商为之罢市。宗泽任东京留守一年以来，气势正盛的金军的几次进攻，均被打退，取得了开封首次陷落以来少有的胜利，充分说明宗泽的抗金主张和抗金措施收到了成效。

建炎二年（公元1128年）七月宗泽死后，高宗派杜充继任东京留守。杜充的所作所为恰恰与宗泽相反，宗泽招抚的抗金义军纷纷弃之而去。东京的形势也由此急转直下。

韩世忠为大宋朝立下了哪些战功？

韩世忠，字臣良，绥德（今陕西东北）人。公元1089年，韩世忠出生于一个贫苦农民家庭。年轻时勇猛过人，能骑未驯服的马驹，喜好喝酒、不受约束。18岁应募参军，身体魁梧、力大无比，传说他能挽300斤强弓飞马射箭，勇冠三军。

韩世忠入伍不久便随军征讨西夏。西夏人凭借牢固的城防工事死守银州（今陕西米脂西）。韩世忠奋勇当先攀上城

楼,杀死敌将,接着又率一批敢死战士,同一支掩杀过来的西夏人马死战。他跃马挥矛斩杀其监军驸马。战后他被提升为武副尉。

公元1121年,在抗击金军并收复燕山府的战斗中,韩世忠率50骑在滹沱河风驰电掣追杀金军2000余骑。宋钦宗即位后,韩世忠随内侍官梁方平屯驻睿州(今河北睿县),梁军防备不力,军士不善骑马,甚至在马下扶鞍而行。金军迫近时,数万人仓皇逃窜,韩世忠拼死突围,得钦宗召见,授选锋统制。此后,他又以不足千人兵马平定淄州、青州数万叛军。

公元1125年,金军首次南侵,攻下真定(河北正定),韩世忠率兵赴赵州(今河北赵县)迎敌,金军围城,赵州城粮尽援绝。很多人主张突围,韩世忠却趁雪夜率300勇士直捣敌营,使金军惊慌失措,甚至自相残杀。天明时主将被杀,敌军因群龙无首一哄而散。

两年后,金军第二次南侵,攻破汴京,掳走徽、钦二帝。高宗在南京应天(今河南商丘)即位。韩世忠奏请迁都长安,派军收复河北、河南失地,而一心只想保住皇位的高宗却迁都去了扬州。公元1128年,东京(即汴京)留守宗泽忧愤成疾而死,金军因后方无人牵制,再度大举南侵,袭取扬州,高宗仓皇渡江逃走,经常州、无锡、平江(今江苏吴县)南走杭州。韩世忠随同转战江南,曾被金军主力击破于淮阳,出走盐城方得脱身。叛将苗傅、刘正彦逼迫高宗退位,韩世忠从海路赶到常熟与张俊等会和,又往秀州(今浙江嘉兴)修理战具,斩叛将使

者，进军临平（今浙江余杭东北），舍身力战，击退叛军两千余人，又沿浙江扬州、信州进兵擒获叛将，斩杀其主。之后韩世忠被封为武胜军节度使、御营左军都统制。

公元1129年，金军乘江防未固，两路渡江，连破建康（今江苏南京）、杭州、越州、明州（今浙江鄞县），高宗乘船逃往海上，金军海路追击300里未能追上，由于担心归路被断，遂于公元1130年春沿运河北撤。韩世忠闻讯后立即连夜率部八千直趋镇江焦山寺（镇江东北9里）等险要之地，断定敌军一定要登金山（镇江西北7里）龙王庙查看军情，于是派几百名士兵埋伏于岸边和庙内，约定击鼓为号，由岸边伏兵先杀入，庙内伏兵随后杀出，夹击敌军。不料金军五骑闯入庙内时，庙内伏兵喜出望外竟不待鼓声先冲杀出来，敌军闻风返身而逃。金军统帅兀术急欲渡江，与韩世忠军江中会战，兀术在南岸，韩世忠部沿北岸，边打边行，一日激战数次，每次韩世忠都站在海船上亲自指挥，夫人梁红玉也身披盔甲亲擂战鼓助威，宋军因此士气高涨。

兀术以送还财物、奉献名马为条件请求借路渡江，遭韩世忠严词拒绝，兀术只好退往长江下游的黄天荡（今江苏江宁东北80里）。此处水面宽阔，前无出路，退路又被韩世忠封锁，兀术一时无计可施，后采纳他人献策，连夜沿黄天荡东北10里处已淤塞的老鹳河掘30里大渠通秦淮河，再循路向建康逃走。

兀术逃至牛头山时，遭到岳飞伏击，岳飞乘胜收复了建

康。兀术退至长江渡口后,打算从东西两面渡江夹击韩世忠部,韩世忠令工匠连夜打制一端装系大铁钩的铁索,发给士兵。次日,韩世忠令两队渡船环绕敌后,精壮士兵以铁索钩住敌船奋力将敌船钩翻。兀术无奈又悬赏求得一策:乘海风停息,宋军海船风帆无力不便行驶,以轻便战船射火箭袭击宋军海船所悬草编之物。第二天,海风骤停,敌箭如雨,烟焰满江,宋军不及防备,败退70里,兀术得以在被困48天后乘机渡江。

公元1134年秋,金与伪齐联兵70多万进犯淮南,南宋派魏良臣出使金朝求和,韩世忠率军从镇江赶往江北大仪(今扬州西北)迎敌,命令士兵伐木筑栅,自断退路,激励士气。待魏良臣行至扬州,韩世忠急令军士拔灶停炊,并谎称:奉命退回镇江。韩世忠看到魏良臣快马驰离,随即指挥士兵布设5个营阵、20余处埋伏,约定闻鼓声出击。金军得到魏良臣密报,立即派铁骑兵奔袭扬州,行至距大仪5里的长江口,鼓声砰然大作,宋伏兵杀声四起,经过一番激烈砍杀,金军纷纷落马陷入泥塘,韩世忠亲率精骑八方袭来,金军别将挞勃也等200余人被生擒,与此同时,在高邮、亚口等地的部将也频传捷报。韩世忠又追杀金军到淮河岸,金军溃散,夺路而逃。从此,韩世忠得"武功第一"的称号。

公元1136年,高宗授韩世忠武宁和安化军节度使、京东和淮东路宣抚处置使,司府设楚州(今江苏淮安),韩世忠常身披草衣与士卒们一起劳动,梁夫人也编苇盖屋,编练军队3

一本书知晓宋朝

万,扼守淮河,又联络山东义军,力图恢复两河地区。次年,金废伪齐,韩世忠请求全军北伐,恢复中原,秦桧命韩退驻镇江。韩世忠上奏10余次,反对议和,要求护卫江淮,愿率先迎敌,以死报国,但都没得到朝廷批准。

公元1139年,秦桧代高宗跪拜金使,称臣议和。次年,金朝内乱,毁约南侵。韩世忠领兵围攻淮阳,在沟口镇大败金援军,被封英国公。转年,韩世忠又奉命救援壕州(今安徽钟离),在闻贤驿指挥骑兵暗夜攻金军,赶到濠州城已被攻破,遂与金军于淮河边大战,后因归路被金军放树堵塞,只得回师。金军渡河北去,不敢再犯。

同年,秦桧收韩世忠、张俊、岳飞兵权,召韩世忠赴临安任枢密使,韩世忠仍坚决反对议和。秦桧又阴谋挑动三大将之间的矛盾,然后逐个剪除,使张俊、岳飞以检阅为名,拆散韩家军,又使人诬陷韩世忠图谋重掌兵权,岳飞将此事秉公急报韩世忠。韩世忠也是满朝文武中唯一敢对岳飞冤狱面责秦桧的人,所以遭秦桧忌恨,再唆使亲信弹劾,韩世忠愤而辞职,闭门谢客。公元1151年,韩世忠病逝,葬于江苏吴县灵岩山西南麓。

岳飞有哪些重大功绩?

岳飞,著名军事家、民族英雄、抗金名将,字鹏举,南宋中兴四将(岳飞、韩世忠、张俊、刘光世)之一,河北西路相州汤阴县永和乡孝悌里(今河南省安阳市汤阴县菜园镇程岗村)人。

岳飞20岁投军抗金。绍兴十一年（公元1141年）十二月二十九日，秦桧以"其事莫须有"（难道没有这样的事吗）的罪名将岳飞治罪。岳飞在临安大理寺狱中被狱卒拉肋（猛击胸肋）而死，时年39岁。乾道五年（公元1169年），宋孝宗诏复飞官，以礼改葬，建庙于鄂。乾道六年，赐岳飞庙曰"忠烈"。淳熙六年（公元1179年），谥武穆。嘉泰四年（公元1204年），宋宁宗追封高宗的抗金诸将为七王，岳飞被封为鄂王。宋理宗宝庆元年（公元1225年）定谥号忠武。岳飞留有《岳武穆集》，又称《武穆遗书》。

岳飞出生于北宋相州汤阴（今河南汤阴县）的一户佃农家里。据说母亲在他的背上刺了四个字"尽忠报国"，让他铭记国仇家恨。岳飞曾拜周侗为师学习武艺，并且喜欢看《左氏春秋》、《孙子兵法》。岳飞亲眼目睹了北宋灭亡前后的惨痛景象，因此他立志抗击女真贵族的民族压迫，收复河山。

青年时代的岳飞，正遇上女真贵族对宋发动大规模的掠夺战争，深受民族压迫的汉族、契丹族、渤海、奚等各族人民，"仇怨金国，深入骨髓"，纷纷自动组织起来反抗。

从12世纪20年代起，黄河南北、两淮之间，掀起了轰轰烈烈的抗金民族战争。岳飞和抗金名将宗泽、韩世忠等一道，始终站在抗金斗争的最前线。

岳飞投军后，很快因作战英勇升为秉义郎。这时宋都开封被金军围困，岳飞跟随副元帅宗泽前去救援，多次打败金军，受到宗泽的赏识，宗泽称赞他"智勇才艺，古良将不能过"。同

一本书知晓宋朝

年,金军攻破开封,俘获了徽、钦二帝,北宋王朝至此灭亡。靖康二年(公元1127年)五月,康王赵构登基,是为宋高宗,迁都临安,建立南宋。岳飞上书高宗,请求收复失地,被高宗以越职为由革职。岳飞遂改投河北都统张所,任中军统领,在太行山一带抗击金军,屡建战功。后复归东京留守宗泽,以战功转武功郎。宗泽死后,从继任东京留守杜充守卫开封。

建炎三年(公元1129年),金将兀术率金军再次南侵,杜充率军弃开封南逃,岳飞无奈随其南下。同年秋,兀术继续南侵,改任建康(今江苏南京)留守的杜充不战而降。金军得以渡过长江天险,并很快就攻下临安、越州(今绍兴)、明洲等地,高宗被迫流亡海上。岳飞率孤军坚持敌后作战。他先在广德攻击金军后卫,六战六捷。又在金军进攻常州时,率部驰援,四战四捷。次年,岳飞在牛头山设伏,大破金兀术,收复建康,金军被迫北撤。从此,岳飞的威名传遍大江南北,声震河朔。七月,岳飞升任通州镇抚使兼知泰州,拥有人马万余,建立起一支纪律严明、作战骁勇的抗金劲旅"岳家军"。

绍兴三年(公元1133年),岳飞因剿灭李成、张用等"军贼游寇",得高宗奖"精忠岳飞"的锦旗。次年四月,岳飞挥师北上,击破金傀儡伪齐军,收复襄阳、信阳等六郡。岳飞也因功升任清远军节度使。同年十二月,岳飞又在庐州(今安徽合肥)大败金兵,金兵被迫北还。绍兴五年(公元1135年),岳飞率军镇压了杨幺起义军,从中收编了五六万精兵,使"岳家军"实力大增。

绍兴六年，岳飞再次出师北伐，攻占了伊阳、洛阳、商州和虢州，继而围攻陈、蔡地区。但岳飞很快发现自己是孤军深入，既没有援兵，又没有粮草，不得不撤回鄂州（今湖北武昌）。此次北伐，岳飞壮志未酬，遂写下了千古绝唱《满江红》。

绍兴七年，岳飞升为太尉。他屡次建议高宗兴师北伐，一举收复中原，但都被高宗拒绝。绍兴九年（公元1139年），高宗和秦桧与金议和，南宋向金称臣纳贡。这使岳飞不胜愤懑，上表要求"解罢兵务，退处林泉"，以示抗议。次年，兀术撕毁和约，再次举兵南侵。岳飞奉命率军反击，相继收复郑州、洛阳等地，在郾城大破金军精锐铁骑兵"铁浮图"和"拐子马"，乘胜进占朱先镇，距开封仅45里。兀术被迫退守开封，金军士气沮丧，发出"撼山易，撼岳家军难"的哀叹。

在朱先镇，岳飞招兵买马，联络河北义军，积极准备渡过黄河收复失地，直捣黄龙府。而此时的高宗和秦桧却一心求和，连发十二道金字牌班师诏，命令岳飞退兵。岳飞抑压不住内心的悲奋，仰天长叹："十年之功，毁于一旦！所得州郡，一朝全休！社稷江山，难以中兴！乾坤世界，无由再复！"他壮志难酬，只好挥泪班师。

岳飞一回到临安，立即陷入秦桧、张俊等人布置的罗网之中。绍兴十一年（公元1141年），岳飞遭诬告"谋反"，被关进了临安大理寺（原址在今杭州小车桥附近）。监察御史万俟禼（xiè）亲自刑审、拷打，逼供岳飞。与此同时，宋金之间正加紧策划第二次和议，双方都视抗战派为眼中钉，金兀术甚至凶相

一本书知晓宋朝

毕露地写信给秦桧："必杀岳飞而后可和。"在内外两股恶势力的夹击下，岳飞正气凛然、光明正大、忠心报国。从岳飞身上，秦桧等人找不到一丝一毫反叛朝廷的证据，韩世忠当面质问秦桧，秦桧支吾着说："其事莫须有（这件事情难道没有吗）？"韩世忠当场驳斥："'莫须有'三字，何以服天下？"绍兴十一年农历除夕夜，岳飞被赐死于临安大理寺内，时年39岁。岳飞部将张宪、儿子岳云也被腰斩于市门。岳飞临死前，在供状上写下"天日昭昭，天日昭昭"八个大字！

岳飞虽然被杀害了，但他的精忠报国的业绩是不可磨灭的。在岳飞的带领下，抗金军民同仇敌忾，保住了南宋的半壁江山，使南宋人民免遭金统治者的蹂躏，从而保住了高度发展的中国封建经济和文化，并使之得以继续向前发展。岳飞不愧为我国历史上一位杰出的民族英雄。

岳飞善于谋略，治军严明，岳家军以"冻死不拆屋，饿死不掳略"而闻名。在岳飞一生的戎马生涯中，他亲自参与指挥了126仗，未尝一败，是名副其实的常胜将军。岳飞没有专门的军事著作遗留，其军事思想、治军方略，散见于书启、奏章、诗词等。后人将岳飞的文章、诗词编成《岳武穆遗文》，又名《岳忠武王文集》。

岳云为保卫大宋朝立下了哪些汗马功劳？

岳云，字应祥，号会卿，生于钦宗年间，相州汤阴人（河南），民族英雄岳飞的长子（一说养子），中国历史上罕见的少

年杰出英雄。岳云在抗击金兵侵略的战斗中屡立奇功,百战百胜。绍兴十一年(公元1141年)除夕,他和父亲岳飞及部将张宪一起惨遭杀害,死时年仅22岁。

由于金兵的侵略烧杀,岳云从小与父母分离,颠沛流离中目睹了金兵的恶行和宋朝百姓的困苦。在祖母的教育下,岳云从小立下保家卫国的大志。12岁时岳云从军,被父亲岳飞编入其部将张宪的队伍中,当一名小卒。他每日勤学苦练,可谓文武双全,颇具父亲的风范。

有一次,小岳云与将士一起骑马进行爬山练习,不小心马失前蹄摔倒在地。岳飞一见大怒,并指责岳云说:"这全是平日练习不认真造成的,如果是在战场上,岂不误了国家大事?"并当即下令将他推出去斩首。众将士急忙求情,念其年幼,岳飞最后还是下令将岳云打了100军棍。从此岳云更加刻苦练习,最终练就了一副钢筋铁骨。

绍兴四年(公元1134年),16岁的岳云随父出征,去收复被金人占领的随州、邓州等地。在这次战斗中,岳云手持铁锥枪,一马当先,勇不可挡,第一个登上久攻不克的随州城,后又随军北征,收复了邓州。从此军中皆称他为"赢官人"(官人为宋代对男子的尊称,"赢"在这里指常胜不败的意思)。

此后,岳云成为背嵬军最重要将领之一(背嵬军,即岳飞亲兵,岳家军的精锐,以8000余名骑兵为主),并任机宜文字(主要负责机密文字记录,是一支军队的重要文职),并在历次对金对伪齐作战,以及剿灭杨么、安定后方等战斗中屡建大

功。岳云这些功劳多被父亲隐瞒不报，而岳云对此毫无怨言。

绍兴七年（公元1137年），金兀术率军南侵，以本族精锐在郾城与岳家军大战。岳云身先士卒，率背嵬军骑兵冲撞敌阵，挫敌锐气，又反复冲杀，为这场战役的胜利立下大功。

郾城大败后不久，金兵获得增援，以10万众改攻颍昌（今河南许昌），岳家军守军约3万。岳飞预先令岳云率部分背嵬军赴援，当日，岳云率军在金兵阵中来回冲杀数十次，杀得人为血人，马为血马。由于敌我力量悬殊，宋军主将王贵曾一度怯战欲退，被岳云断然拒绝。鏖战半日后，金兵士气低迷，岳家军留守部队5000人乘势开城杀出，一举击溃金兵。此战诛杀了兀术女婿夏金吾，还生擒金军大小首领78人，杀死敌军缴获军器等不计其数。

绍兴十一年（公元1141年），岳云与父亲岳飞及部将张宪一起遇害，年仅22岁。绍兴三十年（公元1160年），宋孝宗为岳飞父子平反昭雪后，岳云附葬在杭州栖霞岭下。其后宋孝宗追授岳云为安远军承宣使、武康军节度使及安边将军等职，并追封为继忠侯。

张俊主要有哪些功过？

张俊，南宋人，字佰英，陇西成纪（今天水）人，曾与岳飞、韩世忠、刘光世并称为"南宋中兴四将"，后来转而主和，成为谋杀岳飞的帮凶之一，并因此博得宋高宗深宠，晚年封清河郡王，显赫一时。绍兴二十一年（公元1151年）十月，张俊大排筵

宴，以奉高宗，留下中国历史上最大的一桌筵席。

张俊出身贫庶，自幼弓马娴熟，16岁时以三阳弓箭手投身行伍，征南蛮，攻西夏，御金兵，屡立战功，被授予武功大夫。

公元1126年，金兵合围榆次，宋军主帅殉难，张俊率所部数百人力战突围，且战且退，斩杀追兵五百多人，声名大震，崭露头角。公元1127年，金兵攻破汴京，掳走徽、钦二帝，北宋灭亡。张俊以其敏锐的政治洞察力，断然拥立赵构为帝，从此张俊以御营前军统制而成为赵构集团的亲信。

张俊驰骋江淮，平定淮宁、镇江、杭州、兰溪、秀州等地的武装割据势力，为南宋小朝廷开辟了一席可以回旋的小天地。公元1127年秋，张俊根据自己对形势和力量的分析，提出了南渡方略："今敌势方张，宜且南渡，据江为险，练兵政，安人心，候国势定，大举未晚。"不久金兵南下，赵构抵达临安，偏安格局形成。

此后张俊为南宋鞍上马下，东征西战。到公元1129年底，在著名的明州（宁波）之战中，张俊率部殊死抵抗金军，毙敌数千人。金人锐气大挫，加之孤军深入，被迫北撤。公元1134年，金军再次南侵，南宋朝廷举朝震恐，张俊力主抗击金军。

公元1135年，张俊大战刘狙，退敌十万，降敌万余。此后数年间，张俊与韩世忠分守江防，使金人不敢窥江而渡，为南宋争得了休养生息的宝贵时间。到公元1140年，金兵再犯，宋将岳飞、韩世忠、张俊奋勇抗敌，大败金兵，收复山河，几乎可以直捣黄龙了，可惜赵构却无心恋战，下令退军江南，致使所

复疆土，得而复失。

公元1141年，英明一世的张俊犯下了一生抹之不去的错误。他为了迎合南宋政权罢兵求和的政策，自动交出兵权，从而让赵构借此顺利地解除了岳飞、韩世忠等人的兵权。同年九月，他在秦桧制造岳飞父子冤案中扮演了非常不光彩的角色。戎马一生，身经百战，屡立战功的张俊，因一时之错辱没了他一世的英名。

文天祥有哪些动人的爱国事迹？

文天祥，初名云孙，字履善，又字宋瑞，自号文山、浮休道人。文天祥以忠烈名传后世，被元军俘虏期间，元世祖以高官厚禄劝降，文天祥宁死不屈，从容赴义，生平事迹被后世称道，与陆秀夫、张世杰被称为"宋末三杰"。

文天祥19岁时获庐陵乡校考第一名，翌年（宝祐四年）入吉州（今江西吉安）白鹭洲书院读书，同年中选吉州贡士，并随父亲前往南宋首都临安应试。在殿试中，他作《御试策》，切中时弊，提出改革方案，表述政治抱负，宋理宗钦点他为第一名。但四天后他的父亲不幸病故，文天祥不得不归家守丧三年。开庆初年（公元1259年），蒙古军攻鄂州（今湖北武昌），宦官董宋臣请理宗迁都以避敌锋，文天祥上书请斩董宋臣，以振人心，并献御敌之计，但未被采纳。咸淳六年（公元1270年），文天祥因得罪奸相贾似道而遭罢斥。

宋恭帝德祐元年（公元1275年）正月，因元军大举进攻，

宋军的长江防线全线崩溃，朝廷下诏让各地组织兵马勤王。文天祥立即捐献家资充当军费，招募当地豪杰，起兵勤王，他组织义军三万，开赴临安。宋朝廷委任文天祥知平江府，命令他发兵援救常州，旋即又命令他驰援独松关。由于元军攻势猛烈，江西义军最终因孤立无援，抗争失败。

次年正月，元军兵临临安，文武官员纷纷出逃。谢太后任命文天祥为左丞相兼枢密使，派他出城与元军将领伯颜谈判，企图与元军讲和。文天祥到了元军大营，希望以谈判的方式来刺探蒙古军情。在谈判过程中，文天祥据理力争，怒骂伯颜。但与此同时，南宋朝廷却派人前往文天祥军营，宣布解散文天祥的军队。伯颜得知文天祥的军队已被解散，于是下令逮捕文天祥。此时元军已经占领了临安，但两淮、江南、闽广等地还未被元军完全控制和占领。于是，伯颜企图诱降文天祥，利用他的声望来尽快收拾残局。文天祥宁死不屈，伯颜只好将他押往北方。当文天祥被押送到镇江时，被当地义士相救得以脱险。这时，南宋朝廷已奉表投降，恭帝被押往元大都，陆秀夫等拥立7岁的赵昰（宋端宗）在福州即位。文天祥于景炎元年（公元1276年）五月二十六日奉诏入福州，任枢密使，同时都督诸路军马，往南剑州（今福建南平）建立督府，派人赴各地募兵筹饷以继续抗元战争。秋天，元军攻入福建，端宗被拥逃往海上，在广东一带乘船漂泊。

同年七月，文天祥因对张世杰专制朝政不满，又与陈宜中意见不合，所以离开南宋行朝，以同都督的身份在南剑州（今

福建南平）开府聚兵，指挥抗元。十月，文天祥转移到汀州、莲城等地，派使参赞吴浚取雩都联络各地的抗元义军，坚持抗击元军。

景炎二年（公元1277年）二月，文天祥率军攻复梅州。不久，文天祥由梅州出兵，进攻江西，此时各地豪杰纷纷响应抗元，号令通于江淮。文天祥在雩都（今江西于都）获得大捷后，又转战至赣州，陆续收复了许多州县。元江西宣慰使李恒在兴国县发动反攻，文天祥兵败，妻妾子女全部失散。文天祥收拾残部，奉老母再入莲城，请求增兵支援，后转战至循州。

祥兴元年（公元1278年）夏，文天祥得知端宗已死，继位的皇帝——赵昺移驻崖山，被任命少保，信国公。为摆脱艰难处境，文天祥要求率军前往，与南宋行朝会合。由于张世杰坚决反对，文天祥只好作罢，率军退往潮阳县。同年冬天，元军大举来攻，文天祥在率部向海丰撤退的途中遭到元将张弘范的攻击，兵败，文天祥吞下随身携带的冰片企图自杀，未死，但却昏迷过去，在昏迷中，文天祥被元军俘虏。

文天祥被张弘范押往崖山，让他写信招降张世杰。文天祥说："我不能保护父母，难道还能教别人背叛父母吗？"张弘范此后一再强迫文天祥写信。文天祥于是将自己前些日子所写的《过零丁洋》一诗抄录给张弘范。张弘范读到"人生自古谁无死，留取丹心照汗青"两句时，不禁倍受感动，于是不再强逼文天祥了。不久，南宋在崖山海战惨败后，陆秀夫背着8岁幼帝赵昺跳海而死，南宋灭亡。张弘范向元世祖请示如何处置

文天祥,元世祖说:"谁家无忠臣?"命令张弘范对文天祥以礼相待,将文天祥送往大都(今北京)。文天祥在路上绝食八日,不死,后被关押在北京府学胡同。

元世祖忽必烈爱其才,所以派降元的原南宋左丞相留梦炎对文天祥现身说法,进行劝降。文天祥一见留梦炎便怒不可遏,留梦炎只好悻悻而归。元世祖又让降元的宋恭帝赵㬎来劝降。文天祥跪在地上,痛哭流涕,对赵㬎说:"圣驾请回!"赵㬎无话可说,怏怏而去。元世祖大怒,于是下令将文天祥的双手捆绑,戴上木枷,关进兵马司的牢房。文天祥入狱十几天,狱卒才给他松了手缚,又过了半月,才给他卸下木枷。

元朝丞相孛罗亲自开堂审问文天祥。文天祥被押到枢密院大堂,昂首而立,只是对孛罗行了一个拱手礼。孛罗喝令左右强制文天祥下跪。文天祥竭力挣扎,坐在地上,始终不肯屈服。孛罗问文天祥:"你现在还有什么话可说?"文天祥回答:"天下事有兴有衰。国亡受戮,历代皆有。我为宋尽忠,只愿早死!"孛罗大发雷霆,说:"你要死?我偏不让你死。我要关押你!"文天祥毫无惧色,说:"我愿为正义而死,关押我也不怕!"

从此,文天祥在监狱中度过了三年。在狱中,他曾收到女儿柳娘的来信,得知妻子和两个女儿都在宫中为奴,过着囚徒一样的生活。文天祥深知女儿的来信是元廷的暗示:只要投降,家人即可团聚。然而,文天祥尽管心如刀绞,却不愿因妻子和女儿而丧失民族气节。

一本书知晓宋朝

狱中的生活非常艰苦，但是文天祥强忍痛苦，写下了不少诗篇。《指南后录》第三卷、《正气歌》等气壮山河的不朽名作都是在此时写出的。

元世祖至元十九年（公元1282年）三月，权臣阿合马被刺，元世祖下令籍没阿合马的家财，追查阿合马的罪恶，并任命和礼霍孙为右丞相。和礼霍孙提出以儒家思想治国，颇得元世祖赞同。八月，元世祖问议事大臣："南方、北方宰相，谁是渠能？"群臣回答："北人无如耶律楚材，南人无如文天祥。"于是，元世祖下了一道命令，打算授予文天祥高官显位。文天祥的一些降元旧友马上向文天祥通报了此事，并劝说文天祥投降，均遭到文天祥拒绝。十二月八日，元世祖召见文天祥，亲自劝降。文天祥对元世祖仍然是长揖不跪。元世祖说："你在这里的日子久了，如能改心易虑，用效忠宋朝的忠心对朕，那朕可以在中书省给你一个位置。"文天祥回答："我是大宋的宰相。国家灭亡了，我只求速死。不当久生。"元世祖又问："那你愿意怎么样？"文天祥回答："但愿一死足矣！"元世祖非常气恼，于是下令立即处死文天祥。

次日，文天祥被押解到菜市口刑场。监斩官问他："丞相还有什么话要说？回奏还能免死。"文天祥喝道："死就死，还有什么可说的？"他问监斩官："哪边是南方？"有人给他指了方向，文天祥跪下向南方叩拜，说："我的事情完结了，心中无愧了！"于是引颈就刑，从容就义，时年47岁。

著名事件篇

菁子書林印

陈桥兵变是怎么一回事？

陈桥兵变是指赵匡胤策划的夺取后周政权的军事政变。

宋太祖赵匡胤是宋朝的开国皇帝。赵匡胤在后汉初年应募入伍，成为郭威的部下。郭威发动兵变建立后周，他积极参与，因此被重用为典掌禁军。周世宗柴荣时期，赵匡胤又因战功升任殿前都点检，从而掌握了后周的军权。

后周显德六年（公元959年），后周世宗柴荣病死，继位的恭帝年少，只有7岁，因此当时政治不稳，人心浮动，谣言四起，一些忠于后周的官吏，立即敏锐地意识到动乱的根源十有八九会出在赵匡胤那里，于是上疏指出赵匡胤不应再掌禁军，甚至有人主张先发制人，及早将赵匡胤除掉。于是周恭帝改任赵匡胤为归德军节度使、检校太尉。

后周显德七年（公元960年）正月初一，忽然传来辽国联合北汉大举入侵的消息。当时主政的符太后乃是一介女流，毫无主见，听说此事，慌乱不知所措，最后屈尊求救于宰相范质，皇室威严荡然无存。范质暗思朝中大将只有赵匡胤才能解救危难，不料赵匡胤却推脱兵少将寡，不能出战。范质只好委以赵匡胤最高军权，可以调动全国兵马。

赵匡胤接到出兵命令，立刻调兵遣将，正月初二即率兵出城。当时，大军刚离开不久，东京城内起了一阵谣传，说赵匡胤将做天子，这个谣言不知是何人所传，但多数人并不相信，朝中文武百官也略知一二，谁也不敢相信，却已慌作一团。赵

匡胤此时虽不在朝中，但东京城内所发生的一切他都了如指掌，因为那是他一手策划的。周世宗在位时，他正是用此计使驸马张永德被免去了殿前都点检的职务而由他接任。赵匡胤知道皇帝的心理，就怕自己的江山被人夺走，所以他们的疑心很重。这次故计重施，就是为了造成朝廷的慌乱，并使他的军队除了绝对听命于他外别无他路。

跟随赵匡胤同行的还有他弟弟赵匡义和亲信谋士赵普。当天下午，到达了离开封几十里的陈桥驿。晚上，赵匡胤命令将士就地扎营休息。兵士们倒头就呼呼睡着了。一些将领却聚集在一起，悄悄商量。有人说："现在皇上年纪那么小，我们拼死拼活去打仗，将来有谁知道我们的功劳，倒不如现在就拥护赵点检当皇帝吧！"大伙听了，都很赞同这个意见，就推一名官员将这个意见先告诉赵匡义和赵普。

那个官员到赵匡义那里，还没有把话说完，将领们已经闯了进来，亮出明晃晃的刀，嚷着说："我们已经商量好了，非请点检即位不可。"赵匡义和赵普听了，暗自高兴，一面叮嘱大家一定要安定军心，不要造成混乱，一面赶快派赵匡胤的亲信郭延斌秘密返回京城，通知留守在京城的大将石守信和王审琦管好京城内外大门。不久，这消息就传遍了军营。将士们全起来了，大家闹哄哄地涌到赵匡胤住的驿馆，一直等到天色发白。

晚上，赵匡胤佯装不知，喝得大醉而睡，一觉醒来，只听得外面一片喧哗。接着，就有人打开房门，高声叫嚷说："请点

一本书知晓宋朝

检做皇帝！"赵匡胤赶快起床，还没来得及说话，几个人就把早已准备好的一件黄袍，七手八脚地披在赵匡胤身上。大伙跪倒在地上磕了几个头，高呼"万岁"。接着，又推又拉，把赵匡胤扶上马，请他回师开封。

赵匡胤骑在马上，开口说："你们既然立我做天子，我的命令，你们都能听从吗？"

将士们齐声回答说："自然听从陛下命令。"

赵匡胤就发布命令：到了京城以后，要保护好周朝太后和幼主，不许侵犯朝廷大臣，不准抢掠国家仓库。执行命令的将来有重赏，否则就要严办。

赵匡胤本来就是禁军统帅，再加上有将领们拥护，谁敢不听从号令！将士们排好队伍开往京城。一路上军容整齐，秋毫无犯。

到了汴京，又有石守信、王审琦等人作内应，没费多大劲儿就拿下了京城。

将领们把范质、王溥找来。赵匡胤见了他们，装出一副很为难的样子说："世宗待我恩义深重。现在我被将士逼成这个样子，你们说怎么办？"

范质等人不知该怎么回答。有个将领声色俱厉地叫了起来："我们没有主人。今天大家一定要请点检当天子！"范质、王溥吓得赶忙下拜。

周恭帝孤儿寡母势孤力弱，只好让了位。赵匡胤即位称帝，建国号为宋，定都东京（今河南开封），历史上称为北宋。

133

一本书知晓宋朝

赵匡胤就是宋太祖。从此，经过五十多年混战的五代十国时期，宣告结束。

"杯酒释兵权"是怎么一回事？

所谓"杯酒释兵权"，是指宋太祖赵匡胤为了防止出现分裂割据的局面，加强中央集权统治，以高官（虚衔）厚禄为条件，解除将领们的兵权。

宋太祖赵匡胤即位后不到半年，就有两个节度使起兵反对宋朝：北宋建隆元年（公元960年）四至六月，昭义节度使李筠起兵反宋；同年九至十一月，淮南节度使李重进据扬州（今属江苏），起兵反宋。宋太祖率兵亲征，费了很大劲儿，才把这两次叛乱平定。为了这件事，宋太祖心里一直耿耿于怀。有一次，他单独找赵普谈话，问他说："自从唐朝末年以来，换了五个朝代，没完没了地打仗，不知道死了多少老百姓。这到底是什么道理？"

赵普说："道理很简单。国家混乱，毛病就出在藩镇权力太大。如果将兵权收归朝廷，天下自然太平无事了。"

宋太祖连连点头，赞赏赵普说得好。

后来，赵普又对宋太祖说："禁军大将石守信、王审琦两人，兵权太大，还是把他们调离禁军为好。"

宋太祖说："你放心，这两人是我的老朋友，不会背叛我。"

赵普说："我并不担心他们叛变。但是据我看，这两个人

没有统帅的才能,管不住下面的将士。有朝一日,下面的人闹起事来,只怕他们也身不由主呀!"

宋太祖敲敲自己的额头说:"亏得你提醒一下。"

过了几天,宋太祖在宫里举行宴会,请石守信、王审琦等几位老将喝酒。

酒过三巡,菜过五味,宋太祖屏退在一旁侍候的太监,然后拿起一杯酒,先请大家干了杯,说:"我要不是有你们帮助,也不会有现在这个地位。但是你们哪儿知道,做皇帝也有很大难处,还不如做个节度使自在。不瞒各位说,这一年来,我就没有睡过一夜安稳觉。"

石守信等人听了非常惊奇,连忙问这是为什么。宋太祖说:"这还不明白?皇帝这个位子,谁不眼红啊?"

石守信等听出话外之音,慌忙跪在地上说:"陛下为什么说这样的话?现在天下已经安定了,谁还敢对陛下三心二意啊?"

宋太祖摇摇头说:"难道对你们几位我还信不过吗?只怕你们的部下将士当中,有人贪图富贵,再像从前对待我一样将黄袍披在你们身上。到那时,就算你们想不干,恐怕也身不由己了!"

石守信等听到这里,感到大祸临头,连连磕头,含着眼泪说:"我们都是粗人,没想到这一点,请陛下指引一条出路。"

宋太祖说:"我替你们着想,你们不如把兵权交出,到地方上去做个闲官,买点田产房屋,给子孙留点家业,快快活活

一本书知晓宋朝

度个晚年。我和你们结为亲家,彼此毫无猜疑,不是更好吗?"

石守信等人齐声说:"陛下为我们想得太周到啦!"

酒席一散,大家各自回家。第二天上朝,每人都递上一份奏章,说自己年老多病,请求辞职。宋太祖立即照准,收回他们的兵权,赏给他们一大笔财物,打发他们到各地去做禁军职务。

宋太祖还废除了殿前都点检和侍卫亲军马步军都指挥司。禁军分别由殿前都指挥司、侍卫马军都指挥司和侍卫步军都指挥司,即所谓的三衙统领。在解除石守信等宿将的兵权以后,太祖另选一些资历浅,个人威望不高,容易控制的人担任禁军将领。禁军领兵权析而为三,以名位较低的将领掌握三衙,进一步加强了皇权对军队的控制。此后,宋太祖还兑现了与禁军高级将领联姻的诺言,把守寡的妹妹嫁给高怀德,后来又把女儿嫁给石守信和王审琦的儿子。张令铎的女儿则嫁给太祖三弟赵光美。

宋太祖收回地方将领的兵权以后,建立了新的军事制度,从地方军队挑选出精兵,编成禁军,由皇帝直接统领和控制;各地行政长官也由朝廷直接委派。通过这些措施,新建立的北宋王朝开始稳定下来。

宋太祖的做法后来一直为其后辈所沿用,其主要目的是防止兵变,但这样一来,兵不知将,将不知兵,能调动军队的不能直接带兵,能直接带兵的又不能调动军队,虽然此举成功地防止了军队的政变,但同时也大大削弱了部队的作战能

力，以至后来宋朝在与辽、金、西夏的战争中，连连败北。

宋太祖及其弟弟宋太宗的一系列改革措施，大大加强了宋专制主义中央集权制，基本恢复了统一的政治局面，为经济、文化的高度发展创造了良好的条件，但是由于"以防弊之政，作立国之法"，一些强化专制主义中央集权制的政策和措施，转化成为它的对立面。"冗官"、"冗兵"及"冗费"与日俱增，使宋王朝陷于积贫积弱的局势之中。这也是宋朝最终灭亡的根本原因。

"斧声烛影"和"金匮之盟"是怎么一回事？

"斧声烛影"是指宋太祖赵匡胤暴死，宋太宗赵匡义即位之间所发生的一个谜案。赵匡胤并没有按照传统习惯将皇位传给自己的儿子，而是传给了他的弟弟赵匡义。

开宝九年（公元976年）十月十九日夜，宋朝的缔造者太祖突然驾崩，年仅50岁。二十一日，晋王赵匡义即位，是为太宗。太祖英年而逝，太宗即位又不合情理，于是引出了一段千古之谜。

十九日夜，大雪纷飞，太祖命人召时任开封府尹的晋王赵匡义入宫。赵匡义入宫后，太祖屏退左右，与赵匡义酌酒对饮，商议国家大事。室外的宫女和宦官在烛影摇晃中，远远地看到赵匡义时而离席，摆手后退，似乎在躲避和谢绝什么，又见太祖手持玉斧戳地，"嚓嚓"斧声清晰可闻。与此同时，这些宫女和宦官还听到太祖大声喊："好为之，好为之。"二人饮酒

一本书知晓宋朝

至深夜,赵匡义便告辞出来,太祖解衣就寝。然而,到了凌晨,太祖就驾崩了。得知太祖去世的消息,宋皇后立即命宦官王继恩去召皇子赵德芳入宫。然而,王继恩却去开封府请赵匡义,而赵匡义也早已安排精于医术的心腹程德玄在开封府门外等候。程德玄宣称前夜二鼓时分,有人唤他出来,说是晋王召见,然而他出门一看并没有人,由于担心晋王有病,所以前来探视。于是二人一同叩门入府去见赵匡义。赵匡义得知召见,一脸惊诧,犹犹豫豫,不肯前往,还说他应当与家人商量一下。王继恩催促说:"时间久了,恐怕被别人抢先了。"三人便冒着风雪赶往宫中。到皇宫殿外时,王继恩请赵匡义在外稍候,自己进去通禀,程德玄却主张直接进去,不用等候,于是与赵匡义闯入殿内。

宋皇后得知王继恩回来,便问:"德芳来了吗?"王继恩却说:"晋王到了。"宋皇后一见赵光义,一脸愕然,但她位主中宫,通晓政事,心知不妙,便哭喊道:"我们母子性命都托付于官家了。"官家是对皇帝的称呼,她这样喊赵匡义,就等于承认赵匡义做皇帝了,赵匡义也泪流满面地说:"共保富贵,不用担心。"于是,赵匡义便登基做了皇帝,是为宋太宗。

宋太祖的死,扑朔迷离,蹊跷离奇,但赵匡义抢在赵德芳之前登上皇位却是事实。赵匡义的继位因此留下了诸多令人不解的疑团,也正因为如此,便有了太宗毒死太祖之说。

太祖不明不白地死后,太宗为了显示其即位的合法性,便抛出了其母杜太后遗命的说法,即所谓的"金匮之盟"。杜太

后临终之际,曾召赵普入宫记录遗命,据说当时太祖也在场。杜太后问太祖何以能得天下,太祖说是祖宗和太后的恩德与福荫,太后却说:"你想错了,倘若不是周世宗传位幼子,使得主少国疑,你怎能取得天下?你当吸取教训,他日帝位先传光义,光义再传光美,光美传于德昭,如此,则国有长君,乃是社稷之幸。"太祖泣拜接受教训。杜太后便让赵普将遗命写为誓书,藏于金匮之中。

然而,由于年代久远,"金匮之盟"的真面目也未能揭开,后人推测是太宗和赵普杜撰出来以掩人耳目的。那么,究竟太祖是否有传位给赵匡义的意思呢?据说太祖每次出征或外出,都让赵匡义留守都城,而对于军国大事,赵匡义都参与预谋和决策。太祖曾一度想建都洛阳,群臣相谏,太祖不听,赵匡义亲自陈说其中利害,才使得太祖改变主意。赵匡义患病之际,太祖亲自前去探望,还亲手为他烧艾草治病。赵匡义若觉疼痛,太祖便在自己身上试验以观药效,手足情深,颇令人感动。太祖还曾对人说:"光义龙行虎步,出生时有异象,将来必定是太平天子,福德所至,就连我也比不上。"有人便以此推测太祖是准备将皇位传给弟弟赵匡义的。但是,这样的说法难以经得住推敲,无非是后人的臆测而已。

姑且不论太宗是否真的毒杀太祖,是否编造"金匮之盟",单看这种兄终弟及的皇位继承方式,与传统的父子相传相比,可谓名不正,言不顺。因此,太宗继位后首先采取了一系列措施来安抚人心,巩固帝位。

一本书知晓宋朝

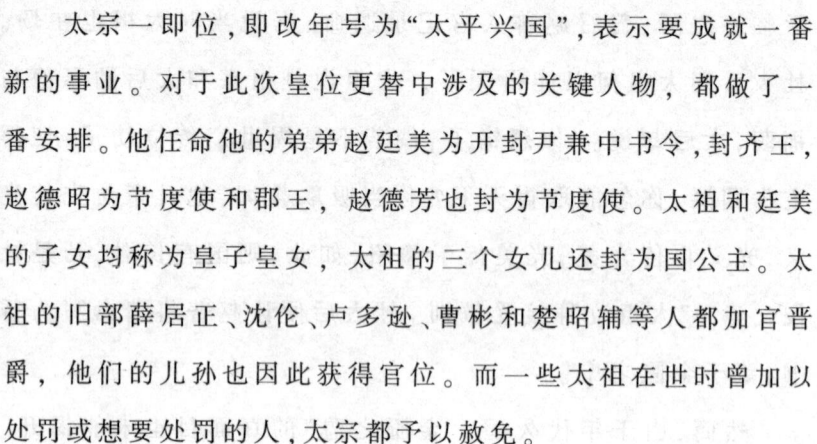

太宗一即位，即改年号为"太平兴国"，表示要成就一番新的事业。对于此次皇位更替中涉及的关键人物，都做了一番安排。他任命他的弟弟赵廷美为开封尹兼中书令，封齐王，赵德昭为节度使和郡王，赵德芳也封为节度使。太祖和廷美的子女均称为皇子皇女，太祖的三个女儿还封为国公主。太祖的旧部薛居正、沈伦、卢多逊、曹彬和楚昭辅等人都加官晋爵，他们的儿孙也因此获得官位。而一些太祖在世时曾加以处罚或想要处罚的人，太宗都予以赦免。

除此之外，太宗还注重培养和提拔自己的亲信。其实，太宗早在继位前就已经紧锣密鼓地进行布局了。太宗任开封府尹长达15年之久，正是韬光养晦之时，他在此期间组织了一股举足轻重的政治势力。据统计，光晋王的幕府成员就有60人之多。与此同时，赵匡义还有意结交了很多文官武将。即便是太祖的旧部，诸如楚昭辅和卢多逊等掌握实权的朝中要员，赵匡义都刻意加以结纳。这两人都与太宗关系密切，而且在太宗继位后都升了官。太宗继位后，其幕府成员如程羽、贾琰、陈从信、张平等人都陆续进入朝廷担任要职，逐渐取代了太祖朝的大臣。此外，太宗还罢黜了一批元老宿将如赵普、向拱、高怀德、冯继业和张美等，将他们调到京师附近做官，以便于控制。

太宗改变太祖朝政局的最重要的措施当属扩大科举的取士人数，他在位时期，第一次科举就比太祖时代最多的数字猛增了两倍多。科举使很多出身寒门的有才之士得到了入仕

140

的机会,这些"天子门生"得以出任各种职务,无疑会对太宗心存感激,心甘情愿地为新皇帝效力。这样一来,即使当时朝野内外对太宗的继位有诸多非议,太宗也能够将权力牢牢地掌握在自己手中,将整个朝廷逐渐变成服从自己的机构,而"斧声烛影"和"金匮之盟"则成为后人永远猜不透、解不开的谜团。

"寇准罢宴"是怎么一回事?

宋太宗淳化年间,青年时代的寇准,得到宋太宗的支持和信任,提升为参知政事。不久,太宗又为寇准主婚,让皇姨宋娥与他成婚。宋娥是赵匡胤宋皇后的幼妹、邢国公宋准的幼女,美貌聪慧,贤淑多才。新婚期间,日日酒宴,夜夜歌舞。

一天,寇准与宋娥正在欢宴,忽听门官来报:"相爷,大门外有个老汉,说是相爷的乡里,非要见相爷不可。"一听是家乡人,寇准连忙说:"快请进来!"不一会,门官领来一个老汉,衣衫褴褛,满脸皱纹。寇准一看,原来是舅舅赵午,便忙拉宋娥一起上前拜见,侍女也急忙搬来椅子,让老人家坐下。谁知老汉两眼发呆,并不回答寇准夫妻的问话,却大哭起来。寇准忙问:"舅舅,有什么委屈?受了谁的气?还是家里出了什么事?"老汉连连摇头。问了半天,老汉才长叹一口气,叫着寇准的小名说:"牛娃,我进了这相府,见你这么荣华富贵,又听你手下人说,你每日每夜都是这样,叫我不由得想起我那可怜的老姐了。他一辈子受苦受难,没过一天好日子!"寇准听舅

一本书知晓宋朝

舅说起母亲,慌忙跪倒说:"都是甥儿不好,得意忘形,忘了母亲早年的苦楚。"

赵老汉擦了擦眼泪,拍着寇准的肩膀说:"牛娃子,那年你爹去世,你才10岁,你娘昼夜纺线织布,供你读书,我送你上华州会试时,你穿的蓝布袍还补着补丁。后来,你一直没回家来。你母亲归天时,你正在关外操劳王事,顾不上奔丧,舅也不能怪你。你现在当了大官,又招了皇姨,从地下到了天上,欢乐几天也就是了。可你天天作乐,夜夜宴饮。你娘受过的苦难,你不是早忘光了吗?"

寇准忙给舅父叩了三个头,说:"舅父指教,甥儿得益不浅,母亲弃世时,我君命在身,忠孝不能两全,是甥儿终生憾事。不过,母亲的苦楚,甥儿实不敢忘。甥儿今为国家大臣,誓以上报宋王,下抚黎民。"说罢,忙和宋娥劝舅舅入席用饭。

老汉看着宴席上的山珍海味,硬是不入席,而是指着宴席说:"这一桌饭,够咱家乡一家人过几个月哩!你在京城里吃的这么好,可知咱华州、同州今年大旱,颗粒不收,一斗米涨到一千钱。现在还没过年,已闹起了饥荒,到明年春天,不知要饿死多少人呢!想到这,我怎么能吃下这样好的饭呢?"

寇准早就听说家乡有旱情,但是从地方官的奏折里,却看不出灾情的严重程度。听舅舅这一说,顿时觉得自己失职,愧对乡里。他安排舅舅住下,急忙回到大厅,吩咐撤了宴席,并以此为戒,永不夜宴。

第二天早朝,寇准将故里旱情如实奏报太宗,并请旨回陕

西督赈和询察民情。寇准回陕西后，为家乡办了一些好事，还把关中的赋税免征三年。

王小波、李顺起义经历了怎样的历程？

王小波、李顺起义是中国北宋前期的一次农民起义。北宋初期，川峡地区的土地大多被官僚、豪强、寺观霸占。很多农民沦为客户（包括旁户），阶级矛盾异常尖锐。宋太宗即位后，川峡天灾频繁，饿殍载道，民不聊生。淳化四年（公元993年），在永康军青城县（今四川都江堰市南）爆发了王小波、李顺起义。

王小波是青城县（今四川省灌南县南部）农民。青城县除出产粮食外，还盛产茶叶。茶农以种茶为生。宋太宗时期推行"榷茶"法，由朝廷专门强行收购茶叶，致使很多茶农失业，而朝廷官员和地主商人却乘机大肆牟利。贫富差距拉大，许多种茶的人和种庄稼的人难以生活。淳化四年二月，王小波在青城县领导一百多号破产的农民和失业的茶农起义，他号召说："现在的人穷的穷、富的富，太不合理！今天我们起义，就是要均贫富！"

起义立即得到广大农民的拥护，短短几天时间就发展到一万多人。王小波指挥大家攻下青城后，起义军队伍迅速扩大，接着又打下邛州（今四川省邛崃）、蜀州（今四川崇庆）、眉州（今四川眉山）的彭山。随后攻取永康、双流、新津、温江、郫县等地。起义队伍增加到数万人。

一本书知晓宋朝

彭山县令齐元振，是被朝廷赐予玺书奖励的清官。起义农民却从这个所谓的清官家中搜出了一大批金帛。起义军将县令齐元振和一些土豪劣绅处死，为民除了害，参加起义的农民就更多了。然而，在十二月份进攻江原县（今四川省崇庆东南）时，王小波中箭，不治身亡。起义者并没有因王小波牺牲而气馁，他们又推举王小波的内弟李顺为首领，继续与官府斗争。

淳化五年（公元994年）初，李顺带领义军在两天内攻下汉州（今四川广汉）、彭州（今四川彭县），直逼成都。起义军乘胜前进，只用了十几天的时间便攻克了成都。李顺在成都建立了农民政权，号称"大蜀"，自己称为"大蜀王"，建年号"应运"。

大蜀政府最高长官为"中书令"，军事最大官职为"枢密使"。李顺没有贪图享乐，而是继续指挥义军扩大成果。农民军占领的地盘越来越大，北至剑关，南至巫峡，全部归于义军手中。义军发展到几十万人之多。

起义军的壮举，使宋太宗又恼又怕，他派宦官王继恩率兵镇压起义军。起义军的主要力量放在进攻上，从而忽视了防守。因此，当朝廷军队打来时，防线很快被攻破，农民军成千上万人牺牲，李顺也在战斗中英勇牺牲了。李顺牺牲后，张仓余领导剩下的几十万义军坚持战斗，先后攻下嘉州（今四川乐山）、戎州（今四川宜宾）、泸州、渝州（今重庆市）、涪州（今四川涪陵）、万州（今四川万县市）等地。

宦官王继恩没有镇压住农民起义，宋太宗又派白继斌率兵入川对付义军。农民军受到宋兵前后夹击，损失惨重，两万多人战死。张仓余只好率一万多人退守嘉州。但宋军追至嘉州时，大蜀嘉州知州王文操叛离义军投降朝廷，张仓余被捕，英勇就义。

后来，民间传说在成都沦陷的时候，李顺并没有死，他化装成一个和尚，秘密逃出成都，继续率领农民军战斗。宋军进城时，抓到一个胡子很长的人，相貌酷似李顺，就把他杀掉了。又过了四十年，在广州街上出现一个老翁，有人认出他是李顺，官府就把他抓了起来，在监狱里秘密杀死了。这些传说虽然不一定可靠，但说明李顺在群众中的影响是很大的。

王小波、李顺、张仓余领导的农民起义虽然失败了，但是却有着深远的历史意义，它严重地打击了地主阶级。王小波、李顺起义在中国农民战争史上，第一次明确地提出了均贫富的口号，这是对唐末农民大起义提出的"均平"思想的继续和深化，它反映出广大农民要求土地和贫富均等的强烈愿望，对此后的农民起义具有深远的影响，在中国封建社会农民战争史上具有承前启后的重要意义。

"澶渊之盟"是怎样一个盟约？

澶（chán）渊之盟是北宋与辽经过多次战争后所缔结的一次盟约。

宋真宗景德元年（公元1004年），辽萧太后与辽圣宗耶律

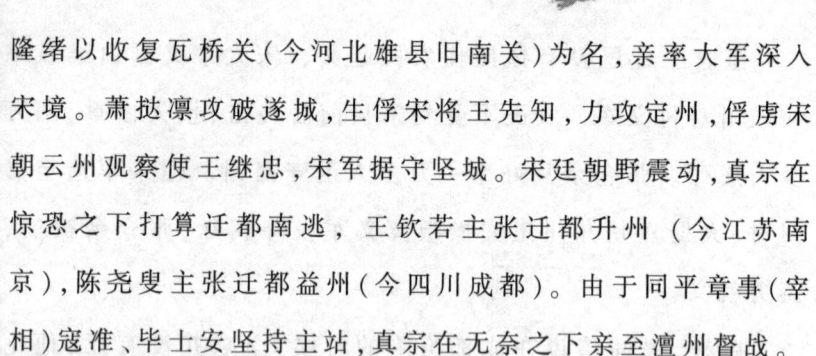

隆绪以收复瓦桥关（今河北雄县旧南关）为名，亲率大军深入宋境。萧挞凛攻破遂城，生俘宋将王先知，力攻定州，俘虏宋朝云州观察使王继忠，宋军据守坚城。宋廷朝野震动，真宗在惊恐之下打算迁都南逃，王钦若主张迁都升州（今江苏南京），陈尧叟主张迁都益州（今四川成都）。由于同平章事（宰相）寇准、毕士安坚持主战，真宗在无奈之下亲至澶州督战。

辽军抵达定州，宋辽两军出现相峙局面，王继忠乘间劝萧太后与宋朝讲和。辽因为担心腹背受敌，于是提出和约，起初为真宗所拒绝。景德元年十一月，辽军在朔州为宋军大败，岢岚军的辽军因粮草断绝不得不撤军。辽军主力集中于瀛州（今河北河间）城下，日夜不停地攻城，宋军守将李延渥死守城池，激战十多天未下。萧挞凛、萧观音奴二人率军攻克祁州，萧太后等人率军与之会合，合力进攻冀州、贝州（今河北清河），宋朝廷则"诏督诸路兵及澶州戍卒会天雄军"。辽军攻克德清（今河南清丰），三面包围澶州（今河南濮阳），宋将李继隆死守澶州城门。

辽朝统军萧挞凛率数十轻骑在澶州城下巡视。宋军大将张环（一说周文质）在澶州前线以伏弩射杀辽南京统军使萧挞凛，萧挞凛头部中箭坠马身亡，辽军士气受挫，萧太后等人闻讯，痛哭不已。此时宋真宗一行抵达澶州。寇准力促宋真宗登上澶州北城门楼以示督战，宋军将士们一看皇帝亲自前来督战，士气倍增。

宋辽双方于十二月初达成停战协议，宋廷方面由曹利用

负责与萧太后谈判。于次年初与辽订立和约,即"澶洲之盟",因澶州又名澶渊,所以又称"澶渊之盟",其主要内容如下:

(1)辽宋为兄弟之国,辽圣宗年幼,称宋真宗为兄,后世仍以世以齿论。

(2)以白沟河为国界,双方撤兵。辽归还宋遂城及瀛、莫二州。此后凡有越界盗贼逃犯,彼此不得停匿。两朝沿边城池,一切如常,不得创筑城隍。

(3)宋每年向辽提供"助军旅之费"银十万两,绢二十万匹。至雄州交割。

(4)双方于边境设置榷场,开展互市贸易。

对于宋而言,澶渊之盟不过是以"贿赂"来换取和平,甚至可说是丧权辱国。但盟约缔结以后,宋、辽之间百余年间不再有大规模的战事,这对中原与北部边疆经济文化的交流和民族的融合具有积极的作用。

"狸猫换太子"的历史真相是怎样的?

关于宋仁宗赵祯的身世,至今流传着一个说法,这就是"狸猫换太子"的故事。故事来源于清末成书的小说《三侠五义》:刘氏、李氏在真宗晚年同时怀孕,很显然,谁生了儿子,谁就有可能被立为正宫。刘妃久怀嫉妒之心,唯恐李妃生了儿子被立为皇后,于是和宫中总管都堂郭槐定计,在接生婆尤氏的配合下,乘李妃分娩时因血晕而人事不知之机,将一狸猫剥去皮毛,血淋淋,光油油地换走了刚出世的太子。刘妃

一本书知晓宋朝

命宫女寇珠勒死太子，寇珠于心不忍，于是暗中将太子交给宦官陈林，陈林将太子装在提盒中送到八贤王府中抚养。

当真宗看到被剥了皮的狸猫时，误认为李妃产下了一个妖物，于是将她贬入冷宫。不久，刘妃临产，生了个儿子，被立为太子，刘妃也被册立为皇后。谁知六年后，刘后之了病夭。真宗再无子嗣，就将其皇兄八贤王之子（就是当年被换走的皇子）收为义子，并立为太子。一日，太子在冷宫与生母李妃见了面，母子天性，两人都面带泪痕。刘后得知后，拷问寇珠，寇珠触阶而死。因此，刘后在真宗面前进谗言，真宗下旨将李妃赐死。小太监余忠情愿替李妃殉难，放走了李妃。另一太监秦凤将李妃接出，送往陈州，秦凤也自焚而死。李妃在陈州无法生活，只落得住破窑、靠乞食为生。幸亏包拯在陈州放粮，得知真情，与李妃假认作母子，将李妃带回开封。此时，真宗已经去世，李妃的儿子已经做了皇帝，即宋仁宗。包拯又趁进宫向仁宗狄皇后贺寿之机，将李妃带入宫中，李妃才得以与自己的亲生儿子仁宗见面，并道出了真相。后来，包公又设计让郭槐供出真相。已做了太后的刘氏知道阴谋败露，惊厥而死。

自宋朝以后，由于小说、戏剧等各种为人们喜闻乐见的艺术形式的演绎，仁宗生母之谜日益鲜活生动，备受世人关注。那么，仁宗究竟是刘氏之子，还是妃子李氏亲生呢？无论是小说，还是戏曲，几乎众口一辞，认定仁宗是李妃所生，而非刘皇后之子。

之所以出现狸猫换太子这个故事，是因为历史上仁宗确有认母一事。据历史记载，仁宗的生母李氏本是刘后做妃子时的侍女，庄重寡言，后来被真宗看中，成为后宫嫔妃之一。在李妃之前，真宗后妃曾经生过5个男孩，不过都已先后夭折。此时真宗正忧心如焚，处于无人继承皇位的困扰之中。据记载，李氏有身孕时，跟随真宗出游，不小心碰掉了玉钗。真宗心中暗卜道：玉钗若是完好，当生男孩儿。左右取来玉钗，果然完好如初。这一传说从侧面反映出真宗求子若渴的迫切心态，也是真宗无奈之余求助神灵降子的真实写照。虽然不尽可信，但可以肯定的是，李氏后来的确产下一个男婴。真宗中年得子，自然喜出望外。仁宗赵祯还未来得及睁开眼睛记住自己亲生母亲的容貌，便在父皇真宗的默许下，被一直未能生育的刘氏收为己子，亲加抚养。生母李氏慑于刘后的权势，只能眼睁睁看着自己的孩子被别人夺去，却不敢流露出任何不满情绪，否则不仅会危害自身，也会给亲生儿子带来灾难。

后来仁宗继承了皇位，这样，刘妃就成了皇太后。由于仁宗年幼不能理政，由刘太后垂帘听政。仁宗并不知道自己生母是李氏，朝中大臣因畏惧太后之威也不敢说。但刘太后仁慈厚道，当仁宗生母李氏病重时，刘太后将她由宫女晋升为宸妃。后来李氏病故，刘太后还以皇后之礼给予厚葬。又过了数年，刘太后病逝，这时有人奏明仁宗："陛下乃李宸妃所生，宸妃死于非命。"言下之意，李宸妃是被刘后害死的。真相究

一本书知晓宋朝

竟如何，仁宗自然要查个明白。好在宸妃灵柩尚在，于是仁宗亲看开启宸妃的棺木察视。宸妃的遗体由于有水银保护，所以其肤色就像活人一般，并不是被人害死的模样。再看她的冠服，也确实是皇后的冠服。这就证明当初宸妃确实因病而死，刘太后也确实将宸妃按皇后之礼安葬。仁宗看到这一切，感慨地说道："人言哪能轻易相信啊！"由此可知，刘妃、李妃确有其人，但其事绝非传说的那样。

王安石变法主要包括哪些内容？

王安石变法，是指北宋时期，大臣王安石发动的旨在改革北宋建国以来积弊的一场改革运动。

熙宁元年（公元1068年），宋神宗召王安石单独进宫谈话。神宗一见面就问他说："你看要治理国家，该从哪里着手？"

王安石从容不迫地回答说："先从改革旧的法度，建立新的法制开始。"

宋神宗要他回去写个详细的改革意见。王安石回家以后，当天晚上就写了一份意见书，第二天呈给神宗。宋神宗认为王安石提出的意见非常符合他的心意，因此更加信任王安石。公元1069年，宋神宗把王安石提升为副宰相。那时候，朝廷里名义上有四个宰相，但已经病的病了，老的老了。有的虽然不病不老，但是一听见改革就叫苦连天。王安石知道，跟这批人共事，根本成不了大事。经过宋神宗批准，王安石任用了

一批年轻的官员,并且设立了一个专门制定新法的机构。这样一来,他就放开手脚进行改革了。

王安石变法的内容主要包括以下几个方面:

1. 置制三司条例司

熙宁元年(公元1068年)二月,设"置制三司条例司",是王安石推动变法设立的第一个机构,原本宋朝的财政由三司掌握,王安石设立置制三司条例司来作为三司的上级机构,统筹财政,是当时最高的财政机关。

2. 方田均税法

熙宁四年(公元1071年)八月,司农寺制定《方田均税条约》,分"方田"与"均税"两个部分。"方田"是每年九月由县长举办土地丈量,按土壤肥瘠定为五等;"均税"是以"方田"丈量的结果为依据,制定税数。方田均税法清查出大量豪强地主隐瞒的土地,增加了国家财政收入,也减轻了农民负担,同时却严重损害了大官僚大地主的利益,遭到他们强烈反对。

3. 均输法

均输法由来已久,早在西汉桑弘羊时试行,唐代以后各郡置均输官,达到"敛不及民而用度足"。熙宁二年(公元1069年)七月,为了供应京城皇室、百官的消费,又要避免商人屯积,在淮、浙、江、湖六路设置发运使,按照"徙贵就贱,用近易远"、"从便变易蓄买,以待上令"的原则,负责督运各地"上供"物质。意在省劳费、去重敛,减轻人民的负担。

4.青苗法

熙宁二年实行青苗法,规定凡州县各等民户,由政府拿出一定数量的钱或粮食做本,在每年夏秋两收前,以低息借贷给农民,帮助他们度过难关,到夏秋两季收成后,农民再按20%到30%的利率还粮钱。但具体实施中出现了强制借贷现象,这是王安石变法措施中争议最大的一项。

5.农田水利法

农田水利法规定:各地兴修水利工程,用工的材料由当地居民照每户等高下分派。只要是靠民力不能兴修的,其不足部分可向政府贷款,取息一分,如一州一县不能胜任的,可联合若干州县共同负责。

6.市易法

熙宁五年(公元1072年)三月,颁行市易法。由政府出资金一百万贯,在开封设"市易务"(市易司),在平价时收购商贩滞销的货物,等到市场缺货的时候再卖出去。同时向商贩发放贷款,以财产作抵押,五人以上互保,每年纳息二分。市易法增加了政府财政收入。

7.募役法

募役法,又称"免役法"。熙宁三年(公元1070年)十二月,由司农寺拟定,开封府界试行,同年十月颁布全国实施。免役法废除原来按户等轮流充当州县差役的办法,改由州县官府自行出钱雇人应役。雇员所需经费,由民户按户分摊。原来不用负担差役的女户、寺观,也要缴纳半数的役钱,称为

"助役钱"。这项措施使得农民从劳役中解脱出来,保证了劳动时间,促进了生产发展,也增加了政府财政收入。

8.保甲法

熙宁三年(公元1070年),司农寺制定《畿县保甲条例颁行》。乡村住户,每五家组一保,五保为一大保,十大保为一都保。凡有两丁以上的农户,选一人来当保丁,保丁平时耕种,闲时需要接受军事训练,战时便征召入伍。以住户中最富有者担任保长、大保长、都保长,用以防止农民的反抗,并节省军费。

9.裁兵法

整顿厢军及禁军:规定士兵五十岁以后必须退役;测试士兵,禁军不合格者改为厢军,厢军不合格者改为民籍。

10.将兵法

将兵法,又叫"置将法"。废除北宋初年定立的更戍法。用逐渐推广的办法,将各路的驻军分为若干单位,每单位置将与副将一人,专门负责操练军队,以提高军队素质。

11.保马法

神宗时,宋朝战马只有十五万余匹,政府鼓励西北边疆人民代养官马。凡是愿意养马的,由政府供给马匹,或政府出钱让人民购买,每户一匹,富户两匹。马有生病死亡的,需要负责赔偿。但在实行过程中,遭遇到瘟疫流行,死了很多马匹,因此遭到人民的强烈抵制。不久此法废止,改行民牧制度。

12.军器监法

熙宁六年（公元1073年）七月，颁行免行法。八月广设军器监，负责监督制造武器；并且招募工匠，致力改良武器。

13.太学三舍法

此法旨在以学校的平日考核来取代科举考试，选拔真正的人才。"三舍法"，即把太学分为外舍、内舍、上舍三等，"上等以官，中等免礼部试，下等免解"，后来地方官学也推行此法，反映了班级教学的特色。

14.贡举法

王安石认为"欲一道德则修学校，欲修学校则贡举法不可不变"。改革贡举法，废明经、存进士，熙宁三年（公元1070年）三月，进士殿试罢诗、赋、论三题而改试时务策。熙宁四年（公元1071年）二月，颁新贡举制，废明经，专以进士一科取士。另设"明法科"，考察律令和断案。

15.惟才用人

凡是有志于改革的人才都被委以重任，从而使不少人成为改革的中坚力量。

王安石变法对巩固宋王朝的统治、增加国家收入、改变北宋积贫积弱的局面，起到了积极的作用。但王安石急于求成，推行过急，利弊互见，事前缺乏充分进行宣传，而且触犯了大地主的利益，因此遭到很多朝臣的反对。

有一次，宋神宗把王安石找去，问他说："外面人都在议论，说我们不怕天变，不听人们的舆论，不守祖宗的规矩，你看怎么办？"

一本书知晓宋朝

王安石坦然回答说："陛下认真处理政事,这就可说是防止天变了。陛下征询下面的意见,这就是照顾到舆论了;再说,人们的话也有错误的,只要我们做的合乎道理,又何必怕人议论。至于祖宗老规矩,本来就不是固定不变的。"

王安石虽然能够坚持变法,但宋神宗并不像他那么坚决,当他听到反对的声音越来越强烈时,就开始动摇起来。

公元1074年,河北闹了一次大旱灾,一连十个月没下雨,农民断了粮食,到处逃荒。正当宋神宗为此事发愁之际,有一个官员趁机画了一幅《流民图》献给宋神宗,说旱灾是王安石变法造成的,要求神宗将王安石撤职。

宋神宗看了这幅《流民图》,只是长吁短叹,晚上睡不着觉。神宗的祖母曹太后和母亲高太后也在神宗面前哭哭啼啼,诉说天下被王安石搞乱了,请求神宗停止新法。

王安石看到新法已不可能再实行下去,于是上书辞职。宋神宗也只好让王安石暂时离开东京,到江宁府去休养。

第二年,宋神宗又把王安石召回京城当宰相。刚过了几个月,天空上出现了彗星。这本来是正常的自然现象,但是在当时却被认为是不祥的预兆。宋神宗又慌了,让大臣们对朝政提意见。一些保守派又趁机攻击新法。王安石竭力为新法辩护,希望宋神宗不要相信这种迷信说法,但宋神宗还是迟疑不定。

王安石见无法继续贯彻自己的主张,遂于公元1076年春天,再次辞去宰相之职,回江宁府去了。

一本书知晓宋朝

宋神宗逝世以后，哲宗即位，向太后垂帘听政，以司马光为首的守旧派掌握了政权，此前的新法便全部被废止了。

"花石纲"事件是怎么一回事？

北宋宋徽宗时期，朝政混乱，政治腐败。宋徽宗是个出名的浪荡子，根本不懂得管理国家大事，只顾自己寻欢作乐。他身边有个心腹宦官童贯，为迎合他的心意，替他搜罗书画珍宝供他赏玩。有一次，童贯到苏州一带去搜集书画珍宝，有个不得志的官员蔡京想投靠童贯，于是每天陪着童贯鬼混，还把他自己书写的屏风扇面等送给童贯。童贯得了蔡京的好处，把这些书画马上送到东京，并且捎话给宋徽宗，说他物色到一个罕有的人才。

蔡京到了东京，又拉拢了一大帮人替他活动。有个官员对宋徽宗说："推行新法是件大事，朝臣中是没有人能帮助办好这件事的。如果陛下要继承神宗的遗志，非用蔡京不可。"那个官员还画了一幅图献给宋徽宗，图表上列了大批朝臣名字，把保守派写在右面，把变法派写在左边。右边的名字都是当朝大臣，但左边的名单只有两个名字，其中一个就是蔡京。宋徽宗看了，满心喜欢，立即决定让蔡京当宰相。

蔡京一上台，立即打起变法的旗帜，把一些正直的官员，不论是保守的还是赞成变法的，一律称为奸党。他还操纵宋徽宗在端礼门前立一块党人碑，把司马光、文彦博、苏轼、苏辙等一百二十人称做元祐（元祐是宋哲宗前期的年号）奸党，

已经死了的削去官衔，活着的全部降职流放。这样一来，一些正直的官员就悉数被排挤出朝，而蔡京的同伙却步步高升了。至于王安石制定的新法，到蔡京手里就完全走了样。像免役法本来可以减轻百姓的劳役负担，蔡京一伙却不断增加雇役的税收，将它变成敲诈人民的手段。

宋徽宗和蔡京还迷信道士，大造道观。有个道士叫林灵素，在宋徽宗面前胡吹说：天上有九霄，最高一层叫神霄，神霄宫有个玉清王，是上帝长子。宋徽宗就是上帝长子下凡。神霄宫还有仙官八百，蔡京、童贯就是仙官再世。这一通胡言乱语，竟然把宋徽宗哄得心花怒放，天天请大批道士在宫中讲道。道士们还给宋徽宗献了个称号，叫做"教主道君皇帝"。这样一来，皇帝就成为道士头子了。

宋徽宗尽情追求享乐腐朽的生活。童贯替他在苏州、杭州两地征用几千名工匠，每天制作象牙、牛角、金银、竹藤的雕刻或织绣品，供他赏玩。日子一久，宋徽宗对那些玩艺儿腻了，于是想找一些奇草、怪石来换换口味。蔡京、童贯为了讨好宋徽宗，派了一个二流子朱勔，在苏州办了一个"应奉局"，专门搜罗花石。朱勔手下养了一批差官，专门负责这件事。听说谁家有块石块或者花木比较精巧别致，差官就带上兵士闯进谁家，用黄封条一贴，算是进贡皇帝的东西，命令那家主人认真保管。如果有半点损坏，就要被判个"大不敬"的罪名，轻的罚款，重的抓进监牢。有的人家被征的花木高大，搬运起来不方便，兵士们就把那家的房子拆掉，墙壁毁了。那些差官、

兵士也乘机敲诈勒索，被征花石的人家，往往被闹得倾家荡产，有的人家甚至卖儿卖女，四处逃难，有家不能回。

朱勔把搜刮来的花石，用大批船只运送到东京。运送的船只不够，就截劫运粮的船和商船，把船上货物倒掉，装运花石。这大批船只自然还要征用大量民夫。于是船只在江河里穿梭来往，民夫们为运送花石日夜奔忙。这种运送的队伍叫做"花石纲"。

这些花石运到东京以后，宋徽宗见了，果然非常高兴，于是给朱勔加官升职。花石越来越多，朱勔的官也越做越大。人们把朱勔主持的苏杭"应奉局"形象地比作"东南小朝廷"，朱勔的权力之大，由此可见一斑。

靖康之耻是怎么一回事？

靖康之耻，又称为靖康之难、靖康之祸和靖康之变，是指中国历史上发生于北宋皇帝宋钦宗靖康年间（公元1126~1127年）的一次著名事件。靖康二年（公元1127年）四月，金军攻破东京（今河南开封），在城内搜刮数日，掳徽宗、钦宗二帝和后妃、皇子、宗室、贵卿等数千人后北撤，东京城中公私积蓄为之一空，北宋灭亡。

抗金名将岳飞留下了气壮山河的千古名句"靖康耻，犹未雪；臣子恨，何时灭"。这里的"靖康耻"，指的就是靖康之耻。

宋徽宗时期，北宋王朝日趋衰落，东北女真族日益强大。女真完颜部的阿骨打作酋长时，兵强马壮。公元1115年，阿骨

打建立金国政权。金政权在灭辽之后立即把北宋作为下一个目标,移兵南下攻宋,以期统一天下。当时北宋王朝已经积弊重重,政治腐朽,军事衰弱。公元1120年,北宋曾与新建立的金签定"海上之盟",商定两家共同灭辽、共分辽疆土,然而北宋政治腐败,军队几乎无战斗力可言,北宋30万大军虽然进攻的仅是辽军残部却惨败而归,最终也未能夺取辽国尺寸之地,反而使金国摸清了北宋的底细。靖康元年(公元1126年),金军仅以4万人南下,一路锋芒如入无人之境,连破北宋27州,兵锋直指宋都汴梁,黄河北岸宋地全部沦陷。北宋朝廷本想借黄河天险抵御金兵,但戍守黄河南岸的宋军久已虚缺,偶有在营兵卒也多是懒散之徒,根本不能作战。当时宋军虽然烧毁了黄河浮桥,但两岸渡船均因部属渎职拖延而未能彻底收缴,金军在北岸仅用数日便汇集了足够渡船,并很快渡过黄河,北宋守军见金兵到来,纷纷不战而溃、四散奔逃。次日,金军兵不血刃就占据了汴梁以北的军事重地仲牟驿。

北宋朝中上至皇帝下至小吏皆惊慌失措、方寸大乱,主和派乘机大造声势,举朝一片投降之声。宋徽宗见势危,于是禅位于太子赵桓,赵桓在哭哭啼啼中登上皇位,是为宋钦宗。金军围困汴梁一月有余,在尚未攻破东京的情况下,北宋皇室准备投降,开封下级军民却坚决要求抵抗,30万人决心参战。钦宗竟然亲自到金营求降,卑躬屈膝地献上降表,还下令各路勤王兵停止向开封进发,甚至镇压自发组织起来准备抵抗

的军民。金军因此肆无忌惮地大肆搜刮，开封百姓遭受了巨大灾难。第二年二月，金军废掉宋徽宗、宋钦宗，另立原宋朝宰相张邦昌为伪楚皇帝。四月，金军将俘虏的徽、钦二帝以及后妃、皇子、宗室、贵戚等3000余人，连同大量宝玺、舆服、法物、礼器、浑天仪等掳走。这就是历史上著名的"靖康之变"。

黄天荡之战是怎样一次战役？

黄天荡之战是指南宋建炎四年（金天会八年，公元1130年）三月，在宋金战争中，宋军与金军在黄天荡（今南京东北）进行的一次水战。

南宋建炎三年（公元1129年）十月，金军第三次南下深入长江地区，攻破建康，直逼临安。宋高祖赵构南逃至明州（今宁波）。第二年正月，金军进攻明州，赵构乘船入海逃往温州，金军紧追不舍。幸好南宋水军将领张公裕率部在台州附近海面阻击，使高宗得以幸免于难。此时江南各地军民纷纷集结于山寨、水寨，打击金军，使金军处处受到威胁。金军在大肆掳掠后，于二月被迫北撤。

宋浙西制置使韩世忠料到金军不能久踞江南，便大量制造战舰，准备在半途截击金军。为此，韩世忠命前军驻扎青龙镇（今上海青浦北），中军驻扎江湾，后军驻扎海口。后来，韩世忠听闻金军已由临安经吴江（今江苏吴江）、平江向镇江撤退，急忙率水军8000人，于三月十五日先期赶到镇江，截击金

军于焦山、金山之间。完颜宗弼（即金兀术，音 wù zhú）乘夜到镇江金山龙王庙侦察，差点被韩世忠伏兵俘虏。此后双方在长江上展开激战，韩世忠夫人梁红玉亲自擂鼓助威，士气大振，重挫金军。完颜宗弼以送还财物、奉献名马为借口请求借路渡江，被韩世忠严词拒绝。金军溯江而上，韩世忠率军沿江追击，且战且行，将金军逼进死港黄天荡。完颜宗弼命监军完颜昌派兵援救，也被韩世忠阻挡。在宋军的阻击下，金军进入了河道湮塞的黄天荡（镇江西至仪征南）。金军前进无路，后退受阻，在黄天荡被困长达40日，处境艰危。后来完颜宗弼得到乡人建议，一夜之间凿通老鹳河故道30里，于四月十二日，逃出黄天荡，在撤退到建康（今南京）时，金军又遭到岳飞阻击。完颜宗弼本打算自龙湾（今白露州西南）渡江到淮西，后来听说太一（金国将领的名字）率援军至真州（今仪征）接应，于是折返黄天荡，并决定从此渡江，与太一会师。韩世忠水军仍在江中待机阻击。于是，太一军屯扎长江北岸，完颜宗弼军驻扎长江南岸，韩世忠泊于金山脚下，形成对峙之势。

韩世忠水军有很多海舰，形体高大，攻击力强。为了发挥这个优势，韩世忠下令工匠制作了很多用铁链联结的大铁钩，并挑选健壮的水兵练习使用，用以对付金军的小战船。四月十二日清晨，金水军首先发起进攻，韩世忠将水军分为两路迎战，陷敌人于背腹受击的境地。南宋战船乘风扬帆，往来如飞，居高临下用大钩钩住敌船船舷，然后用力拉拽，敌船便随之一一倾覆。宋军再一次获胜。

一本书知晓宋朝

为了寻破敌之计,完颜宗弼出榜招贤。有一姓王的福建人建议在战船内装土,上铺木板,两舷凿洞安置桨棹,待无风时出击,可用火箭射击宋船篷帆。船内装土,可以增大船的稳性,不易倾覆。铺上木板,使对方无处下钩。无风时出击,既可以避免小船不耐风波的弱点,又能够发挥小船机动灵活的优势,而宋船体积大,无风不能动,成了火攻的好对象。完颜宗弼采纳了这个建议。

四月二十五日,天气晴朗,江上无风。完颜宗弼命令小船出击,韩世忠迎战于江心。金军船小,奋力划桨,快速机动。宋船笨重,无风难动。完颜宗弼命弓箭手乘小船以火箭射击宋军篷帆。顿时,宋军阵营烟焰蔽天,漫江大火,被烧死溺死者不计其数,宋军大败。韩世忠只身逃回镇江,金军遂得以渡江北归。

历史上真有"岳母刺字"这回事吗?

北宋时期,北方金国兴起,金国四太子金兀术率领大兵南侵。北宋朝廷腐败无能,无力抵抗,被金兵占领都城汴梁(今开封),皇帝钦宗、太上皇徽宗也被掳到北国。金兵在中原烧杀抢掠、无恶不作。再加上河南这一年瘟疫肆虐,偏偏又逢大旱,颗粒无收,百姓处于水深火热之中,苦不堪言。岳飞和母亲、妻子在家苦守清贫,甚是凄凉。岳飞的好朋友王贵、汤怀、牛皋几个人的父母相继过世,几个人耐不住饥寒,未免去做些不洁之事。岳飞曾屡次劝他们不要拿不义之财,他们也不

肯听，最后竟一起去山中落草为寇了。岳飞见这般光景，心中悲伤不已。

一天，岳飞正与母亲在家中闲话，有人前来叩门。岳飞把那人接到屋中，谈话中才知道此人是洞庭湖杨么起义军的部将王佐，由于杨么久慕岳飞文武全才，特差王佐前来聘请前去相助。当下王佐拿出很多金银珠宝作为聘礼。岳飞正色说道："岳飞生是宋朝人，死是宋朝鬼！"岳飞坚辞不收。王佐无可奈何，最后只得收拾起聘礼回山去了。

王佐走后，岳飞进去将事情经过细细说给母亲听。岳母听罢，沉思片刻，就让岳飞去中堂摆下香案，端正香烛，随后带媳妇一同出来，焚香点烛，拜过天地祖宗，又让岳飞跪在地上，媳妇研墨。岳母说道："孩儿，做娘的见你甘守清贫，不贪富贵，倍感欣慰。但恐我死之后，又有些不肖之徒前来勾引，倘我儿一时失志，做出些不忠之事，岂不将半世芳名丧于一旦？所以我今日祝告天地祖宗，要在你背上刺下'尽忠报国'四字，愿你做个忠臣，尽忠报国，流芳百世，我就含笑于九泉了！"岳飞听罢，说道："母亲说得有理，就与孩儿刺字罢。"说着便将衣服脱下半边。岳母取过笔来，先在岳飞背上写了"尽忠报国"，然后将绣花针拿在手中，在他背上一刺，只见岳飞的肉一耸，岳母问："我儿痛么？"岳飞道："母亲刺也不曾刺，怎么问孩儿痛不痛？"岳母流泪道："孩儿，你怕为娘手软，故说不痛。"说罢，咬着牙根刺起来。刺完以后，岳飞起来，叩拜了母亲的训子之恩。

一本书知晓宋朝

此时，宋康王在金陵（今南京）继位，为宋高宗，南宋王朝开始。朝廷传下圣旨，聘召岳飞进京受职，率兵讨贼，图复中兴，报仇雪恨。岳飞接到圣旨，即刻收拾停当。岳母叮咛岳飞，勿忘"尽忠报国"。岳飞拜别母亲，又嘱咐了妻子，这才上马进京去了。

从此以后，岳飞率兵几次大败金兵，力图恢复中原，不料朝廷奸臣宰相秦桧一伙，私通金国，陷害忠良。他们将岳飞骗进京，诬他谋反，下在狱中。审讯中，岳飞脱下上衣，露出背上"尽忠报国"四个醒目的大字，浩然正气，贯冲斗牛。但邪恶猖獗一时，岳飞终被害死于风波亭。

虽然岳母刺字的故事为后世广为传颂，但历史上对此却并无记载，因此此事并无史实根据。宋人的笔记和野史均无记载，包括岳飞的曾孙岳珂所著的《金陀革编》也没有记录。岳母刺字始见于元人所编的《宋史本传》，书云："初命何铸鞠之，飞裂裳，以背示铸，有'精忠报国'四大字，深入肤理。"但书中并未注明此四字出自岳母之手。

到了明代中叶，岳飞的故事开始广为流传。成化年间创作的《精忠记》，也只是提到岳飞背脊有"赤心救国"字样。明嘉靖三十一年（公元1552年），熊大本在《武穆精忠传》中记载：岳飞见汤阴家乡有人因生活所迫，聚啸山林，为自勉和勉人，乃去钱请工匠在背上深刺"尽忠报国"四字。明朝末年，由李梅草创，冯梦龙改定的《精忠旗传奇》，内称："史言飞背有'精忠报国'四大字，系飞令张宪所刺。"如果是这样，"尽忠报国"

就应该是岳飞成为大将以后,命部将张宪刺的。

还有一些学者认为,纹身刺字是一门特技,有严格的操作程序和技巧,绝不是一般常人所能做到的。岳母乃是一名普通家庭妇女,不可能具有这种技艺。因此,即使岳飞脊背上真有这四个字,也绝非岳母所刺。

岳飞抗金取得了怎样的成绩?

公元12世纪,居住在中国东北松花江流域的女真族建立金国,先后灭掉辽国和北宋。北宋灭亡的那年,金国人无心统治中原地区,就想出了"以汉治汉"的方法——立张邦昌为大楚傀儡皇帝,张邦昌仅当了33天的皇帝,就将政权转让给了宋高宗赵构,赵构建立起南宋王朝,后来定都临安(今浙江杭州)。南宋初年,金军数次南下,赵构只顾南逃,不敢抵抗,甚至一度乘船入海,不敢登陆。他写信给金军统帅宗翰苦苦哀求:"自古面临危亡的国君,或是奔逃,或是坚守。我现在已经逃无地,守无人。乞求元帅赐予怜悯和宽恕。"金军南进,给大宋百姓带来深重的灾难,一些主战派将领,坚决抗击金兵。岳飞便是其中最著名的一员。

岳飞,字鹏举,河南汤阴人,出身于一个农民家庭。童年时期,岳飞跟随名师学习武艺,能左右开弓,并成为一县无敌的击枪手。岳飞还精通兵法,喜欢学习历史。南宋初年,岳飞参加了北方人民组织的抗金队伍"八字军"。后来到开封,受到南宋抗金老将宗泽的赏识。由于岳飞的勇敢和才干,而且

一本书知晓宋朝

立下多次战功，因而很快升为一支军队的将领。岳飞的军队纪律严明。行军露宿，只许士兵睡在廊檐下。老百姓请他们进屋，他们也不进去。老百姓亲切地称呼他们为"岳家军"。岳家军练兵认真，作战英勇，能够以少胜多，在突然受到敌人袭击时一点也不慌乱。金兵对岳家军非常惧怕，他们说："撼泰山易，撼岳家军难！"

公元1140年，金兵又大举进攻南宋。岳飞等将领分路出击，岳飞负责中原一线，他一面派人到河北一带联络当地的民间抗金组织，一面亲率大军进击，收复了河南很多州县。岳家军驻军郾城，与金军展开激战。郾城大战中，金投入精锐骑兵15000人。兀术以头戴铁盔身穿铁甲的3000"铁塔兵"打前锋，以号称"拐子马"的骑兵居左右，列队进攻。岳飞指挥儿子岳云等率军应战。将士手持刀斧，冲入敌阵，上砍骑兵，下砍马腿。双方从下午激战到天黑，宋军最后大获全胜。

岳家军乘胜前进，抵达开封的朱仙镇，北方人民抗金情绪高涨。岳飞要求宋高宗下令北伐。宋高宗和大奸臣秦桧害怕抗金力量壮大，会威胁自己的统治，于是向金乞和，并命令岳飞撤回军队，岳飞愤慨地说："十年的功劳，一天就断送了！"公元1141年，宋高宗解除了岳飞等抗金将领的兵权。秦桧又派他的爪牙诬陷岳飞谋反，将岳飞和他的儿子岳云逮捕入狱。另一位抗金将领韩世忠去质问秦桧，为什么诬告岳飞谋反，秦桧拿不出证据，竟然厚颜无耻地说："莫须有。"韩世忠愤怒地对他说："'莫须有'三字何以服天下！"公元1142年

166

初,宋高宗和秦桧杀害了岳飞。当时,岳飞年仅39岁。

岳飞一生廉洁正直,从不计较个人得失。有人问他:"什么时候天下才能太平?"岳飞说:"文臣不爱钱,武臣不怕死,天下便可太平!"岳飞一生坚持抗金,身经大小战役百余场,从未败过一仗,保卫了南宋人民的生命财产,因此受到后世人民的敬仰和爱戴。

岳飞写下了家喻户晓、流传千古的《满江红》:"怒发冲冠,凭阑处、潇潇雨歇。抬望眼、仰天长啸,壮怀激烈。三十功名尘与土,八千里路云和月。莫等闲,白了少年头,空悲切。靖康耻,犹未雪;臣子恨,何时灭。驾长车,踏破贺兰山缺。壮志饥餐胡虏肉,笑谈渴饮匈奴血。待从头,收拾旧山河,朝天阙。"

岳飞与张俊、刘光世、韩世忠并称为"南宋中兴四将"。

为什么说"十二道金牌"要了岳飞的命?

宋代凡赦书及军事上非常紧急的命令,就用金字牌,由内侍省派人递送,后来用作紧急命令的代称。连续十二道金牌,表示命令万分紧急重要。

南宋抗金名将岳飞,率领岳家军奋勇北伐,力图恢复北宋的故国河山。

岳家军节节胜利,金兵闻风丧胆。不久,岳飞进兵朱仙镇,此地距离故都汴京已经很近了。岳家军与金兵对垒,岳飞又以少胜多,击溃了金兵的10万大军。岳飞高兴地向高宗奏

一本书知晓宋朝

告:"金兵锐气丧尽,目前已丢盔弃甲,向北逃窜。机不可失,准备进兵汴京,迎回徽、钦二帝。"

然而,朝廷一向有主战和主和两派。以秦桧为首的主和派打算丢掉淮河以北的国土,与金国议和。而高宗皇帝赵构也倒向主和派。秦桧深知岳飞抗金最为坚定,就先调一向与岳飞不睦的张俊等将领率部先归,然后以岳飞不宜孤军久留为由,命令他班师回朝。秦桧唯恐岳飞不听命令,于是一天之内竟连发十二道金字牌,岳飞接到十二道金牌,明白乘胜追击已绝无可能,仰天悲叹道:"我十年的努力,没想到在一天之内全部作废了!"同年十一月,宋朝廷以"莫须有"的罪名,将岳飞、岳云父子绞死于风波亭上。

数百年来,很多人认为这"十二道金牌"是朝廷调兵遣将的将令,是奸臣杀害岳飞的传令牌!其实并非如此。这种"金牌"并不是什么传令牌,而是一种以最快速度传递邮件的特殊标志,是宋代多种通信证件的一种。据史料记载,这种金牌用于敕书及军机要务,由皇帝直接交发。该金牌制度始于宋元丰(宋神宗赵顼的一个年号)六年,金牌是用木头做成条状,长约33厘米左右,周身涂满朱红油漆,上面篆刻着"御前文字,不得入铺"8个黄金"警"字。这里的"御前文字",是指从朝廷皇帝身边传来的公文、信件;"不得入铺"是指传递邮件时,驿吏不得在驿站内交接,而只能在马背上依次传递。这样一来,不仅大大缩短了邮件的传递速度,而且加大了驿吏的工作效率。据《宋史》记载,该"金牌"光耀炫眼,传递时急飞

如电,望之者无不避影,日行 500 里,昼夜不停鸣铃飞递。

岳飞收到金牌的时候正是节节胜利、势不可挡之际,高宗皇帝先是发了一道圣旨:"今大宋已和大金议和,边境无事,即着尔岳飞带领全军立刻回兵进京,加封官职。三军有功将士俱有升赏,钦此。"但正所谓"将在外有君命有所不受",即使是忠心不二的岳飞当时也"速传各将聚集元帅府大厅议事",可见岳飞心中也是有犹豫的,怎奈还没议出个结果来,"皇上金牌到",而且口气也变了:"命你带军即刻进京,不得迟缓!见金牌如见朕面,立刻照办!"还没等回过神来,又传来:"皇上第二道金牌到!""皇上第三道金牌到!""皇上第四道第五道第六道金牌到!"至第七道金牌圣令已成:"再不火速返京即作叛逆论处!"第八道金牌是:"命你速即起身,若再迟延即是违逆圣旨,立斩不赦。"这种架势,谁还挡得住,何况还摊在岳飞这个大忠臣头上,于是他即刻起身回京,最终遇害。由此可见,金牌的规格是节节提升的,到最后是谁也无法抗拒的。

宋江起义经历了怎样的历程?

北宋宣和元年(公元 1119 年)至三年,宋江聚众梁山泊(今山东省梁山、郓城间)起义,反抗官府,抗击官军镇压。

梁山,原名寿良山,简称良山。据《史记》记载,汉景帝的弟弟梁孝王,"尝北猎良山",并且死在良山,葬在良山,他的哥哥景帝亲自为他树了墓碑。为此,东汉光武帝改良山为梁

山。

　　北宋末期，朝政腐败，对外献币乞和，对内恣意搜刮。宋徽宗赵佶，是历史上有名的享乐天子和昏君。他对玩乐尤为嗜好，声、色、书、画、奇花异石、飞禽走兽乃至蹴鞠等等，无所不好。凡能投其所好的人，无论是朝中大臣、宫廷宦官，抑或市井泼赖，都能得到他的信任和重用，其中最受他重用的当属蔡京、朱勔、童贯等六人，时称"六贼"。这些人极力迎合宋徽宗的心思，并为他大造宫殿、修建花园。百姓苦于繁重的赋税盘剥，流离失所。宣和元年，宋江等36人占据梁山泊，招募义军，聚众起义。宋江率众攻打河朔（泛指今黄河下游南北一带）、京东东路（今山东省益都），转战于青、齐（今山东省济南）至濮州（今山东省鄄城北）之间，攻克十余郡城池，惩治贪官污吏，劫富济贫，声势日隆。十二月初二，宋徽宗赵佶采纳知亳州侯蒙"赦过招降"的建策，颁旨招安，宋江等人拒绝招安，于是宋徽宗下旨命知歙州曾孝蕴率军讨伐宋江义军。宋江避开官军锋芒，自青州率众南下沂州（今山东省临沂），与官军进行了一年多的周旋。宣和三年二月，宋江率军攻取淮阳军（今江苏省睢宁西北古邳镇东），继而由沭阳（今属江苏）乘船进抵海州（今江苏省连云港西南海州镇）。知州张叔夜派使探察义军动向，获知宋江率十余只钜舟正向海滨行进，于是招募一千多名敢死将士设下埋伏。五月，宋江率众登岸后遭到伏击，船只也被焚毁，退路也被官军切断，宋江战败被俘，起义遂被镇压。

一本书知晓宋朝

根据史家考证研究,在宋代徽宗宣和年间,的确有宋江其人及其领导的梁山泊起义,但并不像《水浒传》所写的有一百零八将,更没有那么多生动的戏剧性场面。

宋江起义的导火线是宋朝廷为解决财政危机,宣布将整个梁山泊八百里水域全部收为"国有",规定百姓凡入湖捕鱼、采藕、割蒲,都要依船只大小课以重税,若有违规犯禁者,则以盗贼论处,贫苦的农民与渔民因交不起重税,长期积压在胸中的对社会现实的不满终于像火山一样爆发了。他们在宋江等人的领导下,铤而走险,武装聚险,凭借梁山泊易守难攻的有利地势,阻杀前来镇压的官兵。到宣和元年(公元1119年),这支农民队伍正式宣告起义。

根据史书记载,宋江起义军中有36个主要头领,即宋江、晁盖、吴用、卢俊义、关胜、史进、柴进、阮小二、阮小五、阮小七、刘唐、张青、燕青、孙立、张顺、张横、呼延灼、李俊、花荣、秦明、李逵、雷横、戴宗、索超、杨志、杨雄、董平、解珍、解宝、朱仝、穆横(《水浒传》中为穆弘)、石秀、徐宁、李英(《水浒传》中为李应)、花和尚(《水浒传》有姓名为鲁达、鲁智深)、武松。宋江起义军的总人数由于史书没有记载,无法统计,估计有近万人。《水浒传》写梁山好汉有一百零八将,那只是小说家的虚构,读者不可以将它当成真实的历史。

宋江起义军正式宣布起义后不久,就离开了梁山泊,转战于山东青、齐与河南、河北一带。大约两年之后,到宣和三年(公元1121年)二月,宋江义军从江苏沭阳乘船进攻海州(今

连云港），被海州知州张叔夜所派伏兵包围，损失惨重，退路又被切断。在走投无路的情况下，宋江不得不率众投降，接受朝廷招安，成为宋朝官军中的一部分。后来宋江是否曾率部去江南出征方腊农民起义军，历史上至今尚无定论。

方腊起义经历了怎样的历程？

方腊起义，是指北宋宣和二年（公元1120年）至四年，方腊率领两浙农民，为反抗宋王朝腐败统治的大规模武装斗争。

北宋末年，宋徽宗赵佶荒淫腐败。宋廷对辽和西夏一味求和退让，输绢纳币，设置"应奉局"、"造作局"恣意掠夺，致使农民田租、捐税和徭役负担沉重，民不聊生。宣和二年十月初九，青溪（今浙江淳安西北）雇工（一说漆园主）方腊，假托"得天符牒"，号召民众起义。十一月初一，方腊在地形险峻的青溪西北帮源洞建立政权，年号永乐，自称圣公。义军杀富济贫，抗击官军，四乡闻风响应，旬日之间，队伍发展至数万人。

十一月二十二日，两浙兵马都监蔡遵、颜坦率官军五千余人前往镇压。义军假装败退至青溪西北息坑，以伏兵将官军全歼。方腊乘胜率众东进，攻克青溪，直趋睦州（今建德东北梅城镇），知州张徽言弃城逃走。十二月初二，义军入睦州，镇压贪官，开仓济贫。随后分兵两路北上，东路军进军杭州；方腊亲率西路军攻打歙州（今安徽歙县）。二十日，方腊军抵达

歙州城下，守将郭师中率部出战，全军覆没，百姓开城迎义军。继而方腊遣军一部北击宁国、宣城（今安徽宁国、宣州）；自率主力东进，与东路军会师杭州城下，知府赵霆畏战弃城逃走。二十九日，义军攻克城外据点。是夜，义军向杭州发起攻击。义军手持火炬，护心铜镜在火光下闪闪发亮，官军以为神兵到来，争相逃命。义军破城，杀死两浙制置使陈建和廉访使赵约。随后乘势分兵进击，先后攻占6州52县，声势浩大。苏州（今属江苏）石生、归安（今浙江湖州）陆行儿等，也率众响应。

宣和三年正月初七，宋徽宗闻杭州失陷，于是遣使招降方腊，并且撤消苏杭"造作局"，停运花石纲，以松懈起义军斗志。同时命童贯为江浙淮南宣抚使，刘延庆为宣抚司都统制，王禀为统制，率兵15万兼程南下，镇压义军。官军自江宁（今南京）分兵两路，直扑杭、歙二州。童贯军进至秀州（今浙江嘉兴），遇义军大将方七佛率军6万攻城，于是与秀州守军合围义军。方七佛猝不及防，退据杭州。二月初七，宋军由秀州分水陆进抵杭州，招降方腊，方腊拒绝招安，宋军撤围假装败退。义军追杀中伏，败回城中。方腊率众苦战数日，守城艰难，情势危急，于是方腊下令将士分批突围，遭宋军阻杀，损失惨重。十八日，宋军攻陷杭州。三月初，义军向杭州反攻失利，后因宋军集兵合击，义军腹背受敌，陷入重围，7万余众战死，方腊被俘，于八月在东京（今河南开封）就义。义军余部转战浙东，至四年三月相继被镇压，起义最终宣告失败。

钟相、杨么起义经历了怎样的历程？

钟相、杨么起义，是指南宋建炎四年（公元1130年）至绍兴五年（公元1135年），在南宋农民起义战争中，湖南义军首领钟相、杨么等率众于洞庭湖地区连年抗击南宋官军围剿的战争。

靖康二年（公元1127年）四月，金灭北宋，康王赵构即位，重建宋朝，是为南宋。至建炎三年（公元1129年），赵构迫于金军攻势退兵，谋偏安江南。金军紧逼南下，宋溃军沿途剽掠，统治者横征暴敛，政繁赋重，激起江南民众纷起反抗。建炎四年二月，鼎州武陵（今湖南常德）人钟相率先聚众起义，抗击溃兵游寇集团的抢掠，破州县、焚官府、杀贪官，号召等贵贱、均贫富，得到鼎、澧、潭、岳、辰（今湖南澧县、长沙、岳阳、沅陵）等州19县民响应。三月，义军遭到宋溃军游寇集团孔彦舟部镇压，义军奋力抗击，初战获胜。后来由于孔彦舟派奸细混入义军作内应，钟相未及防备，被俘杀。钟相死后，数十万义军在杨么、夏诚等人的率领下转入洞庭湖区，据湖泊港汊为险，濒湖设寨，兵农相兼，继续与官府抗衡。绍兴元年（公元1131年），鼎澧镇抚使兼知鼎州程昌寓率水军乘车船、海鳅船攻夏诚水寨，在下沚江口（今湖南汉寿东北）被义军击败。义军缴获官军车船以后，广伐鼎、澧地区松杉樟楠等木材，大造车楼大船，严密设防，陆耕水战，既取得水战优势，又获田蚕兴旺，实力日益增强。绍兴三年四月，杨么立钟相少子

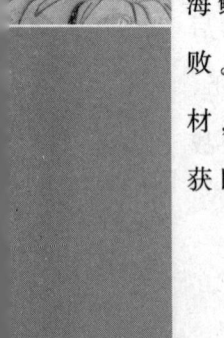

钟子义为太子,自号大圣天王,重建楚政权。南宋朝廷惊恐不安,视其为心腹大患,于是派大军前去征讨。

绍兴三年六月,荆南、潭鼎澧岳置制使王𤫉(xiè)统领禁兵、御前、神武军等3.5万人,并节制荆潭制置司水军统制吴全部万余人,战船数百只,协同统制崔增、高进等人向洞庭湖行进。十月,王𤫉抵达岳州,率舟师与杨么车船水军短兵激战,由于官军船只小,无法抵抗义军大船,王𤫉率部败退桥口(今湖南湘阴西南湘江西岸)。王𤫉命崔增、吴全等在岳州鵰山、洞庭湖口、牌口等处设伏,自己率领神武军万余人直趋鼎州,企图与程昌寓部水军会和,以期两面夹击,一举歼灭义军。杨么洞察到王𤫉的阴谋,将计就计,坚壁上游诸寨,将老少民众、牲畜转移隐蔽在酉港(今湖南汉寿东北酉港镇),让部分车船在空寨间往返出没,以牵制疲惫上游宋军;除此之外,杨么还布设疑兵,派遣数只车船潜载数千水兵,偃旗息鼓,放流诱歼下游宋军。十一月十二日,王𤫉、程昌寓率军出下沚江口,水陆并进,逐个围剿义军水寨,结果全部扑空。而下游预伏宋军发现湖面车船,万余人争乘数百只舟船贸然入湖拦截。在阳武口(今湖南岳阳西洞庭湖中)附近,义军车船突然回旋,纵横冲撞,官军猝不及防,舟船全部被撞沉,崔增、吴全及属下无一生还。义军取得阳武口之役大捷后,回师又大败王𤫉等军。绍兴四年六月,王𤫉再次率军进剿义军。七月,杨么乘江水暴涨,率车船水军出湖反击,全歼社木寨(今湖南常德东)守军,王𤫉败逃。义军屡战屡捷,兵势日盛,宋朝

一本书知晓宋朝

廷为此惶惶不可终日。绍兴五年二月，高宗调集20万大军，命张俊为诸路兵马都督，岳飞为荆湖南北路置制使，赴洞庭湖围剿义军。五月，宋军封锁缘湖四面诸江河要津后，岳飞率部抵达鼎州，先对义军诸寨遣使诱降，分化瓦解义军；继而以大军压境，示师威胁。义军大首领杨钦、刘衡、金琮、刘诜、黄佐等相继投降，只剩下杨幺、夏诚等人仍据寨顽抗。岳飞知道洞庭湖湖深莫测，于是采纳杨钦的计策，派人开闸泄放湖水，放巨筏堵塞港汊，并在湖面散放青草，以破义军车船优势。杨幺率水军出战，由于水浅，车船机轮又被青草缠住，义军被官军击败，各个水寨或降或破，至此，前后持续6年之久的湖南农民起义彻底宣告失败。

科技文化篇

林文出版社

沈括主要有哪些科技成就？

沈括，北宋著名科学家，晚年以平生见闻，在镇江梦溪园撰写了笔记体巨著《梦溪笔谈》。沈括是一位博学多才、成就显著的科学家，精通天文、数学、物理学、化学、地质学、气象学、地理学、农学和医学等。

沈括的科技成就是多方面的。他精研天文，所提倡的新历法，与今天的阳历相似。在物理学方面，他记录了指南针原理及多种制作法；发现地磁偏角的存在，比欧洲早了四百多年；还曾阐述凹面镜成像的原理；并且对共振等规律加以研究。在数学方面，他创立了"隙积术"（二阶等差级数的求和法）、"会圆术"（已知圆的直径和弓形的高，求弓形的弦和弧长的方法）。在地质学方面，他对冲积平原形成、水的侵蚀作用等都有研究，并首先提出石油的命名。在医学方面，他对于有效的药方多有记录，并著有多部医学著作。

沈括一生最大的成就当属《梦溪笔谈》，这部书共30卷，包括《补笔谈》3卷和《续笔谈》1卷。该书是一部包罗万象的百科全书式的著作，内容涉及天文、历法、气象、地质、数学、物理等等。沈括在64岁那年，他的《梦溪笔谈》正进入最后修改定稿阶段，他的妻子不幸离世，他自己也病魔缠身，身体一天不如一天，最终在公元1095年的一天，这位中国科技史上最卓越的科学家与世长辞，终年65岁。

一本书知晓宋朝

毕升在印刷科技史上做出了怎样的贡献？

活字印刷术是北宋平民发明家毕升发明的。毕升是北宋中期的一个普通平民知识分子，当时人称布衣。他总结了历代雕版印刷的丰富的实践经验，经过反复试验，在宋仁宗庆历年间（公元1041~1048年）制成了胶泥活字，实行排版印刷，完成了印刷史上一项重大的革命。

毕升的方法大致是这样的：用胶泥做成一个个规格一致的毛坯，在一端刻上反体单字，字划突起的高度像铜钱边缘的厚度一样，用火烧硬，成为单个的胶泥活字。为了适应排版的需要，一般常用字都备有几个甚至几十个，以备同一版内重复的时候使用。遇到不常用的冷僻字，如果事先没有准备，可以随制随用。为便于拣字，把胶泥活字按韵分类放在木格子里，贴上纸条标明。排字的时候，用一块带框的铁板作底托，上面敷一层用松脂、蜡和纸灰混合制成的药剂，然后把需要的胶泥活字拣出来一个个排进框内。排满一框就成为一版，再用火烘烤，等药剂稍微熔化，用一块平板将字面压平，等药剂冷却凝固以后，就成为版型。印刷的时候，只要在版型上刷上墨，覆上纸，加一定的压力就行了。为了可以连续印刷，就用两块铁板，一版加印，另一版排字，两版交替使用。印完以后，用火把药剂烤化，用手轻轻一抖，活字就可以从铁板上脱落下来，再按韵放回原来木格里，以备下次使用。

毕升还试验过木活字印刷，不过由于木料纹理疏密不匀，

刻制困难，木活字沾水后容易变形，而且和药剂粘在一起不容易分开，因此毕升最终没有采用。

毕升的胶泥活字版印书方法，如果只印二三本，算不上省事，但如果印成百上千份，工作效率就显现出来了，不仅能够节省大量的人力物力，而且可以大大提高印刷的速度和质量，比雕版印刷要优越得多。现代的凸版铅印，虽然在设备和技术条件上是宋朝毕升的活字印刷术所无法比拟的，但是基本原理和方法是基本相同的。

毕升发明活字印刷，为人类文化做出了巨大贡献，大大提高了印刷的效率。但是，他的发明在当时并没有受到统治者和社会的重视，他死后，活字印刷术也没有得到推广。关于毕升的生平事迹，我们也是知之甚少，幸亏毕升创造活字印刷术的事迹，比较完整地记录在沈括的《梦溪笔谈》里。虽然毕升创造的胶泥活字没有保留下来，但是他发明的活字印刷技术却流传到了今天，因此，在印刷术发展史上，毕升的功绩是不可磨灭的。

李诫的《营造法式》在中外建筑学史上具有怎样的地位？

李诫，字明仲，郑州管城县（今河南新郑）人，北宋著名建筑师。

绍圣四年（公元1097）年，李诫受命重新编修《营造法式》（原名《元祐法式》）。这部书于元符三年（公元1100年）完成，

徽宗崇宁二年（公元1103年）颁行，是当时官方建筑的规范。

《营造法式》全书正文共34卷，加上"看详"（相当于"编者说明"）1卷，"目录"1卷，共计36卷。正文共有357篇，3555条，其中除解释名词的2卷283外，其余308篇、3272条都是来自工匠的实际经验，这些条目占全书的90％以上。可以说，《营造法式》是我国古代劳动人民建筑方面宝贵经验的总结。

《营造法式》体系严谨，内容丰富，是当时建筑科学技术的一部百科全书，也是中国第一部建筑学专著。书中几乎包括了当时建筑工程以及和建筑有关的各个方面。它把当时和前代工匠的建筑经验加以系统化、理论化，是进行建筑工程不可缺少的手册。

《营造法式》按内容可以分为名例、制度、功限、料例、图样五个部分。其中，《营造法式》用很大的篇幅列举了各种工程的制度，包括壕寨、石作、大木作、小木作、雕作、旋作、锯作、竹作、瓦作、泥作、彩画作、砖作、窑作共13种176项工程的尺度标准以及基本操作要领，类似现代的建筑工程标准作法。这一部分突出地反映了我国古代建筑工人的卓越才能和我国古代建筑的高度技艺水平。

特别值得重视的是，该书还提出了一整套木构架建筑的模数制设计方法。《营造法式》规定，凡设计和建造房屋，都要以"材"作为依据。"材"有八个等级，可以按房屋的种类和规模来选用。

一本书知晓宋朝

《营造法式》不但内容非常丰富，而且附有非常珍贵的建筑图样，开创了图文并茂的一代新风。书中的附图共占6卷，凡是各种木制构件、屋架、雕刻、彩画、装修等都有详细图样。这些图样细腻逼真，丰富多彩。其中既有工程图，也有彩画画稿，既有分件图，也有总体图，充分体现了我国古代工程制图学和美术工艺的高度水平。

总而言之，《营造法式》具有高度的科学价值，它在中国古代建筑史上起着承前启后的作用，对后世的建筑技术的发展产生了深远影响。《营造法式》是研究我国古代建筑的珍贵资料，其中很多经验和知识到现在还具有重要参考价值。正因为如此，它受到了国内外建筑学界的高度重视。李诫作为《营造法式》的编著者也受到人们的普遍赞扬。

欧阳修主要有哪些文学成就？

欧阳修，北宋政治家、文学家，唐宋古文八大家之一，字永叔，号醉翁，晚号六一居士，吉州永丰（今属江西）人。

欧阳修是北宋诗文革新运动的领袖。他的文学成就以散文最高，影响也最大。欧阳修继承了韩愈古文运动的精神，他取韩愈"文从字顺"的精神，大力提倡简而有法和流畅自然的文风，反对浮靡雕琢和怪僻晦涩。他不但能够从实际出发，提出平实的散文理论，而且自己又以造诣很高的创作实绩，起到了示范作用。

欧阳修一生写了500多篇散文，各体兼备，有政论文、史论

文、记事文、抒情文和笔记文等。他的代表作品有《朋党论》、《新五代史·伶官传序》、《与高司谏书》、《醉翁亭记》、《丰乐亭记》、《泷冈阡表》等，皆是历代传诵的佳作。

欧阳修还开了宋代笔记文创作的先声。他的笔记文主要有《归田录》、《笔说》、《试笔》等。

欧阳修的赋也很有特色，代表作是《秋声赋》。

欧阳修的诗歌创作成就虽然不及散文，但也颇具特色。他的一些诗反映人民的疾苦，揭露社会的黑暗，如《食糟民》、《答杨子静祈雨长句》等。他还在诗中议论时事，抨击腐败政治，如《奉答子华学士安抚江南见寄之作》。另外还有一些诗如《明妃曲和王介甫作》、《再和明妃曲》等，表现了他对妇女命运的同情，对昏庸误国的统治者的谴责。

欧阳修在经学、史学、金石学等方面也颇有成就。在经学方面，他研究《诗》、《易》、《春秋》，能不拘守前人之说，提出自己的见地。史学造诣更深于经学，除了参加修撰《新唐书》250卷外，又自著《新五代史》，总结五代的历史经验，意在引为鉴戒。他勤于收集、整理周代至隋唐的金石器物、铭文碑刻，编辑成一部考古学资料专集——《集古录》。

欧阳修的著述，今存于《欧阳文忠公全集》。

"三苏"各有哪些文学成就？

三苏是指北宋散文家苏洵和他的儿子苏轼、苏辙。宋仁宗嘉定初年，苏洵、苏轼、苏辙父子三人都到了东京（今河南开封

市)。由于欧阳修的赏识和推荐,他们的文章很快著名于世。士大夫争相传诵,一时间学者竞相仿效。宋人王辟之在《渑水燕谈录·才识》中记载:"苏氏文章擅天下,目其文曰三苏。盖洵为老苏、轼为大苏、辙为小也。""三苏"的名号即由此而来。苏氏父子积极参与和推进了欧阳修倡导的古文运动,他们在散文创作上都取得了很高的成就,后来俱被列入"唐宋八大家"。三苏之中,苏洵和苏辙主要以散文著称;苏轼则不仅在散文创作上成果甚丰,而且在诗、词、书、画等各个领域中都卓有成就。

苏洵,字明允,号老泉,眉州眉山(今属四川眉山人),北宋文学家。苏洵长于散文,尤擅政论,议论明畅,笔势雄健,有《嘉祐集》传世。

苏洵是个非常有政治抱负的人。他的《权书》10篇、《几策》中的《审敌》篇、《衡论》中的《御将》和《兵制》篇,还有《上韩枢密书》、《制敌》和《上皇帝书》,都阐述了军事问题。在著名的《六国论》中,他认为六国破灭,弊在赂秦,其实是借古讽今,指责宋王朝的屈辱政策。《审敌》更进一步揭露这种贿敌政策的实质是残民。《兵制》提出了改革兵制、恢复武举、信用才将等主张。《权书》系统地研究战略战术问题。另外,苏洵还强调避实击虚、以强攻弱、善用奇兵和疑兵、打速决战、突击取胜等战略战术原则。

苏洵的抒情散文也不乏优秀的篇章,代表作有《送石昌言使北引》、《张益州画像记》、《木假山记》等。

苏洵的著作,原本多已散佚,今存者有北宋刊《类编增广

老苏先生大全文集》残卷,通行本有《四部丛刊》影宋钞本、《嘉祐集》15卷。

苏轼,字子瞻,又字和仲,号"东坡居士",世人称其为"苏东坡",眉州(今四川眉山,北宋时为眉山城)人。北宋著名文学家、书画家、词人、诗人,豪放派词人代表。他在诗、词、赋、散文等方面均有极高的成就,且善书法和绘画,是中国文学艺术史上罕见的全才。其散文与欧阳修并称欧苏;诗与黄庭坚并称苏黄;词与辛弃疾并称苏辛;书法名列"苏、黄、米、蔡"北宋四大书法家之一;其画则开创了湖州画派。

苏轼的诗词现存约4000首,内容广阔,风格多样,而以豪放为主,极具浪漫主义色彩,开豪放词派的先河,对后世影响甚远。其代表作有《念奴娇·赤壁怀古》、《水调歌头·丙辰中秋》等,诗文有《东坡七集》等。

苏辙,字子由,眉州眉山(今属四川)人。苏辙生平学问深受其父兄影响,以儒学为主。他擅长政论和史论,代表作主要有《新论》、《上皇帝书》、《六国论》、《三国论》等。

苏辙在古文写作上也有自己的主张,比如他在《上枢密韩太尉书》中说:"文者,气之所形。然文不可以学而能,气可以养而致。"他认为"养气"既在于内心的修养,但更重要的是依靠广阔的生活阅历。他的文章风格汪洋澹泊,也有秀杰深醇之气,例如《黄州快哉亭记》,融写景、叙事、抒情、议论于一体,在汪洋澹泊之中贯注着不平之气。

苏辙的赋也写得相当有特色,例如《墨竹赋》赞美画家文

同的墨竹,把竹子的情态写得细致逼真,富于诗意。

苏辙著有《栾城集》,包括《后集》、《三集》,共84卷,

"苏门六君子"各有哪些文学成就?

苏门六君子,也被称为苏门六学士,是黄庭坚、晁补之、秦观、张耒、陈师道、李廌六个人的合称。其中,黄庭坚、秦观、晁补之、张耒四人又被称为苏门四学士。苏轼是继欧阳修之后主持北宋文坛的领袖人物,在当时的作家中间享有巨大的声誉,所以与他交游或接受他指导的人甚多,而黄、晁、秦、张、陈、李这六个人都曾得到他的培养、奖掖和荐拔,故而得名。

黄庭坚,字鲁直,自号山谷道人,晚号涪翁,又称豫章黄先生,汉族,洪州分宁(今江西修水)人。他是北宋诗人、词人、书法家,为盛极一时的江西诗派开山之祖。英宗治平四年(1067)进士。历官叶县尉、北京国子监教授、校书郎、著作佐郎、秘书丞、涪州别驾、黔州安置等。其主要墨迹有《松风阁诗》、《华严疏》、《经伏波神祠》、《诸上座》、《李白忆旧游诗》、《苦笋赋》等,书论有《论近进书》、《论书》、《清河书画舫》、《式古堂书画汇考》等。

晁补之,字无咎,号归来子,济州巨野(今属山东巨野县)人。晁补之生长在士宦之家、书香门第。他从小就受到家庭良好的文化熏陶,加上他聪敏强记,幼能属文,日诵千言,故早负盛名。晁补之的诗以古体为多,七律次之。其代表作有《摸鱼儿·东皋寓居》、《水龙吟·问春何苦匆匆》等,著有《鸡肋集》。

一本书知晓宋朝

秦观,字少游、太虚,号淮海居士,高邮(今属江苏)人。他曾任秘书省正字,兼国史院编修官等职。因政治上倾向于旧党,被目为元佑党人,绍圣后累遭贬谪。秦观能诗擅词。词多写男女情爱,也颇有感伤身世之作,风格委婉含蓄,清丽雅淡。诗风与词风相近。其代表作有《淮海集》、《淮海居士长短句》。

张耒,字文潜,号柯山,楚州淮阴(今江苏清江)人。神宗熙宁进士,历任临淮主簿、著作郎、史馆检讨等职,后被指为元佑党人,数遭贬谪,晚居陈州。张耒诗学白居易、张籍,平易舒坦,不尚雕琢,但常失之粗疏草率;其词流传甚少,语言香浓婉约,风格与柳永、秦观相近。其代表作有《少年游》、《风流子》等,著有《柯山集》、《宛邱集》。

陈师道,字履常,一字无己,别号后山居士,彭城(今江苏徐州)人。哲宗元佑时,陈师道由苏轼等推荐为徐州教授,后历任太学博士、颍州教授、秘书省正字。他一生安贫乐道,闭门苦吟,家境困窘。陈师道能诗亦能词,其词风格与诗相近,代表作有《木兰花》、《西江月》、《卜算子》、《南柯子》、《南乡子》、《清平乐》、《菩萨蛮》、《渔家傲》等,著有《后山先生集》,其词集为《后山词》。

李廌(zhì),字方叔,号德隅斋,又号齐南先生、太华逸民,华州(今陕西华县)人。李廌6岁父母双亡,因而发奋自学。

李廌的文章喜论古今治乱,辨而中理。《答赵士舞德茂宣义论宏词书》是其重要的文学批评作品。《师友谈记》1卷,记载了苏轼、黄庭坚、秦观等人关于治学为文的言论,为研究宋

188

代文学史提供了重要的资料。其诗歌以七古和七绝为佳,内容多写山水和羁旅,亦有赠答、题画等作品。著有《济南集》20卷,已佚。今本8卷是从《永乐大典》辑出。李廌曾被苏轼誉为有"万人敌"之才,由此成为"苏门六君子"之一。

"中兴四大诗人"是指哪四位?

中兴四大诗人,即诗歌史上的南宋四大家,是中国南宋前期尤袤、杨万里、范成大、陆游四位诗人的合称。

在这四个人中,杨万里、陆游的声名尤著。尤袤流传下来的作品很少;杨、范虽然比不上陆游,但各有特色。杨万里一反江西诗派的生硬槎桠,创立了活泼自然的诚斋体。杨万里、陆游流传下来的作品数量之多是惊人的。中兴四大诗人代表了宋代诗歌第二个最繁荣的时期。杨万里有《诚斋集》、范成大有《范石湖集》、陆游有《陆放翁集》传世。

尤袤,字廷之,小字季长,号遂初居士,晚年号乐溪。其诗集已散失,现有辑本《梁溪遗稿》。《青山寺》可称为他现存诗歌中的代表作。

杨万里,字廷秀,号诚斋。他一生热爱农村,体恤农民,因此写下了很多反映农民生活的诗篇,如《悯农》、《农家叹》、《秋雨叹》、《悯旱》、《过白沙竹技歌》等写出农民生活的艰难和疾苦,《歌四时词》、《播秧歌》等写出农民艰辛和欢乐,《望雨》、《至后入城道中杂兴》等写出对风调雨顺、安居乐业的喜悦和盼望,都具有较高的思想性和艺术性。杨万里著有《江湖

集》、《荆溪集》、《西归集》等9个诗集。

范成大,字致能,号石湖居士。其诗题材广泛,风格平易浅显、清新妩媚。诗题材以反映农村社会生活内容的作品成就最高。他著有《石湖集》,出使金国时写下了72首绝句,如《青远店》、《州桥》、《双庙》等,反映了北方人民的痛苦生活和他们的民族感情。他的《催租行》、《后催租行》、《缫丝行》、《劳畲耕》等,充分揭露了封建剥削的残酷,表现了对人民疾苦的同情。他晚年所作《四时田园杂兴》60首,描绘了农村景物、风俗人情和农民生活,风格清新明快,优美流畅,富有韵味,有民歌之特色,是古代田园诗的集大成者。

陆游,字务观,号放翁。其诗篇多抒发抗金杀敌的豪情和对敌人、卖国贼的仇恨,风格雄奇奔放,沉郁悲壮,洋溢着强烈的爱国主义激情,在思想上、艺术上取得了卓越成就。其代表作有《金错刀行》、《书愤》、《示儿》等。

陆游主要有哪些文学成就?

陆游,字务观,号放翁,越州山阴(今浙江绍兴)人。南宋爱国诗人,著有《剑南诗稿》、《渭南文集》等数十个文集存世,自言"六十年间万首诗",今尚存九千三百余首,是我国现有存诗最多的诗人。

陆游一生力主北伐,虽然屡次受到主和派的排挤和打击,但是他的爱国之情仍然至死不渝,他与尤袤、杨万里、范成大并称为"南宋四大诗人"。死前曾作《示儿》一绝:"死去元知万

事空,但悲不见九州同。王师北定中原日,家祭无忘告乃翁。"这首诗堪称是最能表现陆游创作精神的代表作。

陆游是一个多产诗人,至老仍然创作不懈。他实际上创作了13000多首,经他自己删汰之后仍余有9300多首。

陆游的诗大致可分为三个时期:第一期为少年到中年(46岁),这段时期最长,但留存作品最少,约200首。第二期为46~54岁,诗约2400多首,此时期因陆游深入军旅生活,诗风变为豪放壮阔,爱国思想也更加提升。这段时期的诗歌创作奠定了陆游作为一代文宗的崇高地位。第三期为蛰居家乡到逝世,现存诗6500首。这一时期陆游与农民接触较多,再加上宦海沉浮饱经忧患,并且因年事已高,因此风格转为清旷淡远的田园风格和苍凉的人生感慨。

尽管陆游的诗风前后转变了三次,但是他诗中还是充满强烈的爱国情感,这也是他最大的特色与传颂千古的最主要原因。

陆游的代表作品主要有《关山月》、《书愤》、《金错刀》、《农家叹》、《黄州》、《长歌行》等。另外,陆游还工于词,其词中以《诉衷情》、《卜算子》等最为著名。

为什么说辛弃疾是一位伟大的爱国词人?

辛弃疾,南宋爱国词人,原字坦夫,改字幼安,中年名所居曰稼轩,因此自号"稼轩居士",历城(今山东省济南市历城区遥墙镇四凤闸村)人。辛弃疾存词600多首。强烈的爱国主义思想和战斗精神是辛词的基本思想内容。他是我国历史上伟

一本书知晓宋朝

大的爱国者和豪放派词人。

辛弃疾出生时,北方久已沦陷于金人之手。他的祖父辛赞虽在金国任职,却一直希望有机会恢复故国河山,并常常带着辛弃疾"登高望远,指画山河"。同时,辛弃疾也不断亲眼目睹汉人在金人统治下所受的屈辱与痛苦,这一切使他在青少年时代就立下了恢复中原、报国雪耻的志向。自中原沦陷以来,表现对于民族耻辱的悲愤,抒发报国热情,已经成为文学的中心主题,辛弃疾的词在其中依然有一种卓尔不群的光彩。这不仅因为辛弃疾生长于被异族蹂躏的北方,恢复故土的愿望比一般士大夫更为强烈,而且因为他在主动承担民族使命的同时,也在积极地寻求个人生命的辉煌,因此在他的词中表现出一种不可抑制的英雄主义精神。

辛弃疾的词抒写力图恢复国家统一的爱国热情,倾诉壮志难酬的悲愤,对南宋上层统治集团的屈辱投降进行揭露和批判;也有不少吟咏祖国河山的作品。其作品艺术风格多样,以豪放为主;热情洋溢,慷慨悲壮,笔力雄厚,与苏轼并称为"苏辛"。其代表作主要有《破阵子·为陈同甫赋壮词以寄之》《永遇乐·京口北固亭怀古》《水龙吟·登建康赏心亭》《菩萨蛮·书江西造口壁》《摸鱼儿》等。但部分作品也流露出抱负不能实现而产生的消极情绪,如《稼轩长短句》。

李清照主要有哪些文学成就?

李清照,南宋女词人,号易安居士,齐州章丘(今属山东)

人。父亲李格非为当时著名学者,丈夫赵明诚为金石考据家。李清照早期生活优裕,与赵明诚共同致力于书画金石的搜集整理。金兵入据中原以后,李清照夫妻二人流寓南方。后来赵明诚病死,李清照境遇孤苦凄凉。因此,李清照的创作以北宋、南宋生活的变化呈现出前后期不同的特色。前期的词反映了她的闺中生活和思想感情,表现了自然风光和别思离愁,如《如梦令》;后期的词变清丽明快为凄凉悲痛,抒发了伤时念旧、怀乡悼亡的情感,也寄托了强烈的亡国之思,最具有代表性的是《夏日绝句》。李清照的文学创作具有鲜明独特的艺术风格,居婉约派之首,对后世影响很大,在词坛中独树一帜,称为"易安体"。她著有《易安居士文集》、《易安词》,已散佚。后人有《漱玉词》辑本,今人有《李清照集校注》。

　　李清照的代表作品有很多,词主要有《武陵春》、《醉花阴》、《一剪梅·红藕香残玉簟秋》、《小重山·春到长门草青青》、《忆秦娥·临高阁》、《多丽·小楼寒》、《好事近·风定落花深》、《如梦令·昨夜雨疏风骤》、《如梦令·常记溪亭日暮》、《声声慢·寻寻觅觅》、《念奴娇·萧条庭院》、《转调满庭芳·芳草池塘》、《清平乐·年年雪里》、《菩萨蛮·风柔日薄春尤早》、《减字木兰花·浪淘沙帘外五更风》等;诗主要有《浯溪中兴碑诗》、《乌江》、《皇帝阁春帖子》、《钓台》、《上枢密韩肖胄诗》、《夏日绝句》等;文主要有《金石录序》、《词论》、《打马图序》、《投翰林学士綦崇礼启》等。

一本书知晓宋朝

文天祥主要有哪些文学成就？

文天祥，南宋末期吉州庐陵（今江西吉安县）人，民族英雄，初名云孙，字履善，又字宋瑞，自号文山、浮休道人。选中贡士后，换以天祥为名。

文天祥是南宋后期杰出的民族英雄军事家、爱国诗人和政治家。其著作有《文山先生全集》、《文山乐府》，代表作品主要有《正气歌》、《过零丁洋》等。文天祥是宋理宗宝祐四年（公元1256年）进士第一名，与陆秀夫、张世杰并称为"宋末三杰"。文天祥晚年的诗词，风格慷慨激昂，苍凉悲壮，具有强烈的感染力，反映了他坚贞的民族气节和顽强的战斗精神。

祥兴元年（公元1278年），文天祥被元军俘虏。公元1283年1月9日（农历十二月九日），文天祥在北京菜市口慷慨就义，年仅47岁。文天祥在狱中写了大量诗词，其中《过零丁洋》、《正气歌》等作品已成为千古绝唱，是中华民族精神的象征。

什么是程朱理学？

程朱理学，也被称为程朱道学，是宋明理学的主要派别之一，也是理学各派中对后世影响最大的学派之一。程朱理学由北宋二程（程颢、程颐）兄弟开始创立，其间经过弟子杨时，再传罗从彦，三传李侗的传承，到南宋朱熹完成。从广义上说，它也包括由朱熹所摄入的北宋"五子"（周敦颐、邵雍、张载和二程）的学说，并延伸到朱熹的弟子、后学及整个程朱的信奉者

的思想。由于朱熹是程朱理学的集大成者，所以又简称为朱子学。程朱理学在南宋后期开始为统治阶级所接受和推崇，经元到明清正式成为国家的统治思想。

二程（程颢、程颐）是指程朱理学的奠基者，他们兄弟二人是洛阳（今河南洛阳）人。程颢，字伯淳，又称明道先生；程颐，字正叔，又称伊川先生，世称"二程"。其著作有《二程集》。二程曾同学于北宋理学开山大师周敦颐，著作被后人合编为《河南程氏遗书》。他们把"理"或"天理"视作哲学的最高范畴，认为理无所不在，不生不灭，理不仅是世界的本源，也是社会生活的最高准则。在穷理方法上，程颢"主静"，强调"正心诚意"；程颐"主敬"，强调"格物致知"。在人性论上，二程主张"去人欲，存天理"，并深入阐释这一观点使之更加系统化。二程学说的出现，标志着宋代理学思想体系正式形成。

南宋时期，朱熹继承和发展了二程思想，建立了一个完整而精致的客观唯心主义的思想体系。

朱熹，字元晦，一字仲晦，号晦庵、晦翁、考亭先生、云谷老人、沧洲病叟、逆翁，徽州婺源（今属江西省婺源县）人。朱熹认为，太极是宇宙的根本和本体，太极本身包含了理与气，理在先，气在后。太极之理是一切理的综合，它至善至美，超越时空，是"万善"的道德标准。在人性论上，朱熹认为人有"天命之性"和"气质之性"，前者源于太极之理，是绝对的善；后者则有清浊之分，善恶之别。人们应该通过"居敬"、"穷理"来变化气质。朱熹还把理推及人类社会历史，认为"三纲五常"都是理的

"流行",人们应当"去人欲,存天理",自觉遵守三纲五常的封建道德规范。朱熹学说的出现,标志着理学发展到了成熟阶段。朱熹的主要哲学著作有《四书章句集注》、《四书或问》、《太极图说解》、《通书解》、《西铭解》、《周易本义》、《易学启蒙》等。

程朱理学的基本观点主要包括:

(1)理一元论的唯心主义体系,认为理或天理是自然万物和人类社会的根本法则。

(2)理一分殊,认为万事万物各有一理,此为分殊。物、人各自之理都源于天理,此为理一。

(3)存天理、灭人欲,天理构成人的本质,在人间体现为伦理道德"三纲五常"。"人欲"是超出维持人之生命的欲求和违背礼仪规范的行为,与天理相对立。将人们追求美好生活的要求视为人欲,是封建纲常与宗教的禁欲主义结合起来。

宋元明清时期,历代统治者多将二程和朱熹的理学思想作为官方统治思想,程朱理学也因此成为人们日常言行的是非标准和识理践履的主要内容。在南宋以后600多年的历史进程中,程朱理学在促进人们的理论思维、教育人们知书识理、陶冶人们的情操、维护社会稳定、推动历史进步等方面,发挥了积极的作用。与此同时,它也对中国封建社会后期的历史和文化发展产生了巨大的负面影响。很多人把程朱理学视为猎取功名的敲门砖,他们死抱一字一义的说教,致使理学发展越来越脱离实际,成为于世无补的空言,成为束缚人们手脚的教

条和枷锁,从而反映出它的阶级和时代的局限性。

司马光主编的《资治通鉴》是怎样一部史书？

司马光,北宋时期著名政治家、史学家、散文家。北宋陕州夏县涑水乡(今山西运城地区夏县)人,字君实,号迂夫,晚年号迂叟,世称涑水先生。

宋神宗熙宁年间,司马光强烈反对王安石变法,上疏请求外任。熙宁四年(公元1071年),他判西京御史台,自此居洛阳15年,不问政事。在这段悠游的岁月里,司马光主持编撰了294卷300万字的编年体史书《资治通鉴》,总共耗时19年。

《资治通鉴》上起周威烈王二十三年(公元前403年),下迄五代后周世宗显德六年(公元959年),共记载了16个朝代1362年的历史。《资治通鉴》,简称《通鉴》,共294卷,300多万字,另有《考异》、《目录》各30卷。全书按朝代分为十六纪,即《周纪》5卷、《秦纪》3卷、《汉纪》60卷、《魏纪》10卷、《晋纪》40卷、《宋纪》16卷、《齐纪》10卷、《梁纪》22卷、《陈纪》10卷、《隋纪》8卷、《唐纪》81卷、《后梁纪》6卷、《后唐纪》8卷、《后晋纪》6卷、《后汉纪》4卷、《后周纪》5卷。《资治通鉴》的内容以政治、军事和民族关系为主,兼及经济、文化和历史人物评价,目的是通过对事关国家盛衰、民族兴亡的统治阶级政策的描述,以警示后人。

宋神宗认为该书"鉴于往事,有资于治道",即以历史的得失作为鉴诫来加强统治,所以称之为《资治通鉴》。由此可见,

一本书知晓宋朝

《资治通鉴》的得名,既是史家治史以资政自觉意识增强的表现,也是封建帝王利用史学为政治服务自觉意识增强的表现。

《资治通鉴》是司马光和他的助手刘攽、刘恕、范祖禹、司马康等人历时19年编纂的一部规模空前的编年体通史巨著,也是我国第一部编年体通史,在我国史书中具有极其重要的地位。

北宋四大书法家各有哪些书法成就?

宋四大书法家,是指苏轼、米芾、黄庭坚和蔡襄。

苏轼,字子瞻,自号东坡居士,眉州眉山(今属四川省)人。苏轼在书法方面幼学王羲之,后习颜真卿、杨凝式,笔圆韵胜,天资焕发,亦擅画竹石古木,自写胸臆,妙的形似,天趣盎然,著有《东坡全集》、《东坡题跋》。

苏轼在宋四家中排在首位,他的《黄州寒食帖》被誉为天下第三行书。但事实上他绝大部分的字都相当平实、朴素。

米芾,是北宋著名大书画家、鉴藏家,字元章,号鹿门居士、襄阳漫士、海岳外史。祖籍太原,后迁居襄阳,人称"米襄阳"。米芾能诗善文,书画尤具功力,篆、隶、行、草、楷各体皆能,行草造诣尤高。他自称"刷字",是指他用笔迅疾而劲健,尽兴尽势尽力,追求"刷"的韵味、气魄、力量,追求自然。其传世墨迹主要有《苕溪诗卷》、《蜀素帖》、《方圆庵记》、《珊瑚帖》等。

黄庭坚,字鲁直,号山谷道人,江西修水人,出生于诗书之

家。黄庭坚的书法，初以周越为师，后取法颜真卿及怀素，受杨凝式影响，尤得力于《瘗鹤铭》。他著名的书迹有《松风阁诗》、《黄州寒食诗跋》、《花气熏人帖》、《虹县诗》等。

蔡襄，字君谟，福建仙游人。蔡襄的书法浑厚端庄，淳淡婉美，自成一体。其传世墨迹有《自书诗帖》、《谢赐御书诗》、《陶生帖》、《郊燔帖》、《蒙惠帖》等，碑刻有《万安桥记》、《昼锦堂记》及鼓山灵源洞楷书"忘归石"、"国师岩"等珍品。

秦桧为中国的书法艺术做出了什么贡献？

秦桧，生于哲宗元祐五年（公元1090年），卒于高宗绍兴二十五年（公元1155年），字会之，江宁（今南京）人。因以"莫须有"的罪名处死岳飞，力主对金人投降，所以为世人所唾弃，遗臭千年。北宋末年，秦桧与宋徽宗、钦宗一起被金人俘获。南归后，任礼部尚书，两任宰相，前后执政19年。秦桧是宋体字的创始人，但由于人们厌恶他的人品德行，虽然应用他创立的字体，却改称为宋体字。

秦桧虽然是佞臣，却诗文天下，颇擅笔翰，陶宗仪在《书史会要》中云："桧能篆，尝见金陵文庙中栏上刻其所书'玉兔泉'三字，亦颇有可观。"其有书辑入《风墅帖》。

秦桧是宋体字的创始人，在书法上很有造诣。他综合前人之长，自成一家，创立了一种用于印刷的字体。后来人们又模仿宋体字的结构、笔意，改成笔画粗细一致、秀丽狭长的印刷字，就是仿宋体。因此，可以说秦桧是中国历史上最有影响的书法家之一。